ullstein

Das Buch

Nach dem Ende des Zweiten Weltkriegs wurde Knut Hamsun wegen Unterstützung der deutschen Besatzung als Landesverräter angeklagt und unter Hausarrest gestellt. In dieser Zeit wurde er auch in einer psychiatrischen Klinik untersucht.
Von den drei Jahren bis zur Urteilsverkündung handeln Hamsuns Aufzeichnungen in diesem Buch. Nachdem seine Texte zunächst zur Veröffentlichung abgelehnt wurden, erschien *Auf überwachsenen Pfaden* am 28. September 1949 in Oslo.
Hamsun schreibt über die Zeit vom Mai 1945, als er auf seinem Herrensitz Nørholm bei Grimstad unter Hausarrest gestellt wurde, bis zum Juni 1948. Einen Monat vor seinem 89. Geburtstag verfasst er den letzten Eintrag: »Mittsommer 1948. Heute hat das Oberste Gericht geurteilt, und ich höre auf zu schreiben.«

Der Autor

Knut Hamsun wurde am 4. August 1859 in Gudbrandsdalen als Knud Pedersen geboren und gilt neben Henrik Ibsen als bedeutendster Schriftsteller Norwegens. Seine Schulausbildung war dürftig, eine Universität besuchte er nie und schlug sich zunächst mit Gelegenheitsarbeiten durch, bis ihm 1890 mit seinem Debütroman *Hunger* sogleich ein großer literarischer Erfolg gelang. 1920 erhielt er für sein Werk *Segen der Erde* den Literaturnobelpreis. Der wegen seiner Sympathien für den Nationalsozialismus politisch hoch umstrittene Hamsun starb 1952 in Nørholm.

Von Knut Hamsun sind in unserem Hause bereits erschienen:
Mysterien · Hunger · Segen der Erde · Victoria

KNUT HAMSUN

AUF ÜBERWACHSENEN PFADEN

Aus dem Norwegischen
von Alken Bruns

Mit einem Nachwort
von Peter Urban-Halle

Ullstein

Besuchen Sie uns im Internet:
www.ullstein.de

Wir verpflichten uns zu Nachhaltigkeit
- Papiere aus nachhaltiger Waldwirtschaft und anderen kontrollierten Quellen
- Druckfarben auf pflanzlicher Basis
- ullstein.de/nachhaltigkeit

FSC
MIX
Papier
FSC® C083411

Ungekürzte Neuausgabe im Ullstein Taschenbuch
1. Auflage Oktober 2019
2. Auflage 2024

Die Originalausgabe erschien unter dem Titel *På gjengrodde Stier*
1949 im Gyldendal Norsk Forlag, Oslo.
Textgrundlage der Neuübersetzung ist die erste Ausgabe
im Gyldendal Norsk Forlag, Oslo 1949.

Umschlaggestaltung: zero-media.net, München
Titelabbildung: A Herd of Horses, 2000 © Masabikh
Akhunov (1928-2008) / Bridgeman Images
Gesetzt aus der Quadraat Pro powered by *pepyrus*
Druck und Bindearbeiten: CPI books GmbH, Leck
ISBN 978-3-548-29049-2

Es ist das Jahr 1945.

Am 26. Mai kam der Polizeichef von Arendal nach Nørholm und verkündete meiner Frau und mir Hausarrest für dreißig Tage. Ich war nicht vorgewarnt worden. Meine Frau händigte ihm auf Verlangen meine Schusswaffen aus. Ich musste dem Polizeichef später schreiben, ich hätte auch zwei große Pistolen von der letzten Olympiade in Paris, er könne sie jederzeit abholen. Gleichzeitig schrieb ich, der Hausarrest sei wohl nicht wörtlich zu verstehen, ich hätte ja Landwirtschaft weit und breit, die beaufsichtigt werden müsse.

Nach einiger Zeit kam der Landpolizist von Eide und holte die beiden Pistolen ab.

• • •

Am 14. Juni wurde ich von zu Hause abgeholt und zum Krankenhaus in Grimstad gebracht – meine Frau war ein paar Tage vorher ins Frauengefängnis von Arendal gebracht worden. Jetzt konnte ich also nicht mehr den Hof beaufsichtigen. Das war insofern sehr unglücklich, als nur ein junger Mann da war, um das Ganze vorläufig zu verwalten. Aber daran ließ sich nichts ändern.

Im Krankenhaus wurde ich von einer jungen Schwester gefragt, ob ich mich gleich hinlegen wolle – in der *Aftenposten* hatte nämlich gestanden, ich sei »zusammengebrochen und pflegebedürftig«. Liebes Kind, sagte ich, ich bin nicht krank, in dieses Krankenhaus ist nie ein gesünderer Mensch gekommen, ich bin nur taub! Sie nahm es wohl für Prahlerei, und sie wollte sich auf kein Gespräch mit mir einlassen. Nein, sie wollte nicht mit mir sprechen, und dieses Schweigen hielten alle Schwestern während meines Aufenthalts dort im Krankenhaus ein. Die einzige Ausnahme war die Oberschwester, Schwester Marie.

• • •

Ich treibe mich auf dem Gelände des Krankenhauses herum. Ein älteres Gebäude auf einem Hügel und ein neueres unten – das eigentliche Krankenhaus. Ich wohne auf dem Hügel und bin allein, im ersten Stock wohnen die drei jungen Schwestern, sonst niemand im Haus.

Ich sehe mich um. Hier sind allerhand große Eichen, aber viele sind auch in alter Zeit gefällt worden, und aus den Stümpfen wächst jetzt wildes Eichengestrüpp, aus dem nichts wird. Der Blick geht auf viele kleine Höfe im Westen.

Der Polizist, der mich hergebracht hat, sagte, ich dürfe mich nicht »außerhalb dieses Zimmers« aufhalten. Das war wohl wieder nicht wörtlich zu verstehen, aber ich wollte gern ein gehorsamer Häftling auf Probe sein und wagte mich kaum einen Steinwurf weit fort. Sonderbar zu denken übrigens, ich hatte nie, in keinem Land, mit der Polizei zu tun, wie weit ich mich auch in der Welt herumgetrieben hatte, ich hatte den Fuß ja immerhin auf vier der fünf Weltteile gesetzt, und jetzt in meinem hohen Alter war ich verhaftet. Na ja, wenn es sein sollte, musste es ja jetzt geschehen, bevor ich sterbe.

• • •

Ich verbummle Tag für Tag. Die drei jungen Schwestern – eigentlich Schülerinnen – kommen abwechselnd mit meinem Essen den Hügel herauf, machen auf dem Absatz kehrt und verschwinden. Vielen Dank!, rufe ich ihnen nach. Es wird ein bisschen einsam, aber ich bin Einsamkeit gewohnt, zu Hause reden sie auch nicht mit mir, weil ich so taub und anstrengend bin. Wenn ich gegessen habe, bringe ich das Tablett mit den leeren Schüsseln in den Flur, wo es abgeholt werden kann.

Dann musste ich entweder wieder raus oder eine Patience legen. Ich konnte mir nichts zu lesen mitnehmen, und meine Zeitungen sind nicht gekommen. Nach einigen Tagen frage ich das junge Mädchen: Ich habe gesehen, dass der Postbote da war, sind keine Zeitungen für mich gekommen?

Zu meiner Freude antwortet sie, und zwar laut und verständlich, aber sie sagt: Sie dürfen keine Zeitungen lesen!

Ach. Wer hat das gesagt?

Der Polizeichef von Arendal.

Ach so. Vielen Dank.

Aber die Oberschwester macht es wieder gut, indem sie mich in einem Schrank mit alten Büchern und Zeitungsjahrgängen stöbern lässt. Es sind Sachen, die dem Krankenhaus von wohlwollenden Menschen geschenkt worden sind, Schulbücher, Kinder- und Jugendzeitschriften, gebundene Fortsetzungsromane aus Zeitungen, *Für Arm und Reich*, *Der Santale*, *Der Evangelist*, und mitten darunter ein Juwel: ein Buch von Topsøe.

Ich nehme mir vor, sparsam zu lesen, damit es lange reicht, besonders von einigen Bänden Fortsetzungsromanen aus dem *Morgenbladet* erwarte ich mir viel. Ich sehe, dass sie aus Smith Petersens Bibliothek stammen. Dieser Smith Petersen lebte einst in Grimstad und war ein großer Matador.

Aber ganz gegen meinen Vorsatz, meine Lektüre zu rationieren, warf ich mich gierig über Topsøes Buch und verschlang es in einem Stück. Topsøe, über den Brandes nicht schreiben wollte. Und nun sind sie beide tot.

• • •

Ein Polizist kommt, legt mir einige Fragen vor und schreibt meine Antworten nieder. Das ist für mich nicht von Interesse. Die Behörden scheinen unbedingt wissen zu wollen, was ich besitze – im *Morgenbladet* war nämlich von meinem »großen Vermögen« die Rede. Ich gab an, was ich besaß.

Dann war es einige Tage lang ruhig, nur dass ein Polizist mit einem »Beschluss betr. Vermögensverwaltung« kam und ein anderer mit einer »Erklärung betr. öffentliche Anklageerhebung«.

Ich wünschte, ich hätte Ihr schönes Fahrrad, sage ich.

Wollen Sie die Erklärung nicht lesen, sagt er.

Ist das eilig?

Nein, nicht unbedingt, aber.

• • •

Am 23. Juni wurde ich zum Untersuchungsrichter geführt. Er kam gleich mit einem halben Lachen auf mich zu: Sie haben doch sicher mehr Geld, als Sie angegeben haben?

Ich war ein bisschen sprachlos und sah den Mann an. Ich habe mich nicht aufs Geld verlegt, sagte ich.

Nein, nein, aber.

Mein Vermögen beläuft sich auf das, was ich angegeben habe, circa fünfundzwanzigtausend in bar, 200 Aktien bei Gyldendal und der Hof Nørholm.

Ja, gut. Aber die Autorenrechte?

Tja, Herr Richter, wenn Sie mir dazu was sagen könnten, wäre ich Ihnen sehr dankbar. Für mich als Dichter sieht es jetzt ja nicht so gut aus.

Aber ach, wie ich ihn enttäuscht haben musste. Und wie ich all die anderen enttäuschte, die gehofft hatten, in meinem »großen Vermögen« schnüffeln zu können. Nicht dass ich mich beklage, mein Vermögen ist groß genug, viel zu groß. Ich sehne mich nicht danach, es mit ins Grab zu nehmen.

Das Verhör war anständig und unentschieden. Auf einige Fragen des Richters antwortete ich ausweichend, um den wohlmeinenden Herrn nicht unnötig zu ärgern. Amtsrichter Stabel ist fanatisch, ja, fanatisch in seinem Hass auf Deutschland, und er glaubt steif und fest an das edle und reine Recht der Alliierten, die deutsche Nation zu vernichten und vom Erdboden zu vertilgen. Außer dem, was von dem Verhör schon veröffentlicht worden ist, erwähne ich noch ein paar Kleinigkeiten.

Er fragte, was ich von der Nationalsozialistischen Gesellschaft hielte, in die ich hier in Grimstad gekommen war.

Ich antwortete, in dieser Gesellschaft seien bessere Leute als ich. Aber ich verschwieg, dass es nicht weniger als vier Ärzte waren, um nur eine Kategorie zu nennen.

Es klang, als sei ich überhaupt zu gut, um dem Nazikomplott anzugehören.

Da sind auch Richter drin, sagte ich.

Ja, leider. Und wie ich mich zu den Gräueltaten der Deutschen in Norwegen stelle, die jetzt an den Tag gekommen seien?

Da der Polizeichef mir verboten hatte, Zeitungen zu lesen, wusste ich davon nichts.

Ich wüsste nichts von den Morden, dem Terror, der Folter?

Nein. Ich habe gesehen, dass davon gemunkelt wird, bevor ich verhaftet wurde.

Ja, ein Kerl namens Terboven, der seine Befehle direkt von Hitler erhielt, der hat das norwegische Volk fünf Jahre lang gefoltert und abgeschlachtet. Aber Gott sei Dank, wir anderen haben ausgehalten. Finden Sie, die Deutschen sind ein Kulturvolk?

Ich antwortete nicht.

Er wiederholte die Frage.

Ich sah ihn an und antwortete nicht.

Wäre ich Polizeichef, bekämen Sie sämtliche Zeitungen zu lesen. Ihr Prozess ist auf den 22. September verschoben.

• • •

Also drei Monate.

Ich lese, bummle herum und lege Patiencen.

Um meine Beine in dem mir zugemessenen engen Bezirk ein bisschen zu gebrauchen, kraxele ich den Hügel rauf. Er ist sehr steil, und ich muss mich hier und da mit einem spitzen Stock stützen, um nicht wieder runterzurutschen. Und das ist noch nicht alles: Mir ist auch so verdammt schwindlig, dass ich mich am liebsten übergeben würde und mit Gewalt schlucken muss. Ich habe wohl zu spät mit dem Bergkraxeln angefangen. Ich wiederhole den Ausflug täglich und verbessere mich in diesem Fach, zittere aber am ganzen Körper, wenn ich oben ankomme.

Oben auf dem Hügel ist eine Fläche. Da sitze ich und sehe ein paar Leuchttürme, das Fahrwasser nach Grimstad und ein paar Meilen aufs Skagerrak hinaus. Am Anfang muss ich stillsitzen und wage nicht, ein Kerl zu sein und aufzustehen, aber mein Gehirn rührt sich und arbeitet. Ich sehe auf die Uhr – mein Gott, ich habe nur ein paar elende Minuten für den Aufstieg gebraucht, und nun sitze ich hier auf meinem Gipfel und komme mir groß vor, als hätte ich was geleistet. Um einen richtigen Ausflug daraus zu machen, muss ich sehen, dass ich auf der anderen Seite des Hügels runterkomme und mich ungesehen zum Krankenhaus zurückschleiche.

Es geht, ich komme sehr gut runter. Aber hier treffe ich auf einen Weg, und den wage ich nicht zu gehen, ich könnte jemandem begegnen. Und wenn ich auf die Uhr sehe, ist es immer noch nicht die Spur eines Ausflugs geworden – ich muss einfach umkehren und noch mal über den Hügel gehen.

Auch das war kein Problem für mich, obwohl ich einmal dämlich stürzte und auf meinen Arm fiel. Und den steilen Abstieg zum Krankenhaus schaffte ich, indem ich mich auf eine Lage belaubter Zweige setzte und runterrutschte.

Doch das Ganze war von mir gar nicht schlecht ausgedacht und ausgeführt, das muss ich sagen. Und ich nahm von da an keine Veränderung an diesen Ausflügen vor. Das Einzige, was ich zu befürchten hatte, war, dass mich während meiner Abwesenheit ein Polizist im Krankenhaus suchen könnte.

Aber als ich nach Tagen und Wochen über den Nutzen nachdachte, den diese Ausflüge über den Hügel brachten, war ich nicht sonderlich zufrieden. Es war nicht die richtige Arbeit für meine Muskeln und Glieder, kostete mich zu viel Anstrengung, ich schwitzte und war erschöpft, ohne dass mein Körper biegsamer wurde. Meine Füße waren immer noch gefühllos. Dazu kam, dass meine Schuhe die Strapazen nicht ausgehalten hatten, sie waren oben und unten zerrissen. Und andere Schuhe hatte ich nicht.

Die Oberschwester lässt sich selten blicken. Sie hat zu wenig Hilfe und muss selbst kochen. Aber als ich sie einmal zu Gesicht bekam, sagte sie ohne Weiteres, ich solle doch mehr nach draußen gehen. Sie zeigte mir einen Weg von passender Länge zu Smith Petersens abgebrannter Villa und sagte, den sollte ich gehen.

Auf Ihr Wort, Oberschwester. Vielen Dank.

Das war sehr hilfreich, ich konnte schnell gehen oder langsam, wie ich wollte. Und auf einem Hof war ein kleiner Hund, der immer auf mich wartete, wenn ich vorbeikam, und mich freudig begrüßte.

Die Ausflüge über den Hügel wollte ich aber auch nicht ganz weglassen. Ich hatte sie erfunden, es gab da Bäume und Steine, die ich wiedererkannte, und ich begriff, dass mich ein freundliches Rauschen umgab, obwohl ich taub war und es nicht mehr hörte.

• • •

Ich sitze an einer Wegkreuzung und halte eine Postkarte in der Hand, ich habe nach Hause geschrieben, ob sie nicht ein Paar Schuhe für mich auftreiben können, und nun warte ich, dass jemand kommt, der zur Stadt will und die Karte mitnehmen kann.

Der Erste, der kommt, ist ein Junge, vielleicht um die sechzehn, er hat ein dunkles, wenig ansprechendes Gesicht, aber ich stehe auf, halte ihm die Karte hin und sage: Würden

Sie so freundlich sein, diese Karte in einen Kasten zu werfen?

Der Junge zuckt zusammen, sein ganzes Gesicht verzieht sich, und noch ehe ich ausgeredet habe, höre ich ein Murren und sehe ihn seinen Weg fortsetzen.

Wollen Sie gar nicht zur Stadt?, rufe ich entschuldigend.

Er antwortet nicht, geht einfach weiter.

Da ich bei meinem ersten Versuch so wenig Glück gehabt habe, wage ich nicht, mich an jemand anderen zu wenden, sondern gehe zurück zum Krankenhaus.

• • •

Es ist keine Frage, dieser Junge kannte mich. Er wusste sehr gut, dass ich Häftling bin, und nun wollte er eine stolze Haltung gegenüber einem solchen Kerl beweisen.

Wir haben jetzt in Norwegen den politischen Häftling. Früher war der politische Gefangene für uns nur eine Art von Märchen in russischen Büchern, wir haben ihn nie gesehen, der ganze Begriff war uns unbekannt. Die Thranebewegung, Kristian Lofthus, Hans Nielsen Hauge zählen nicht. Aber jetzt haben wir einen, der zählt, er zieht scharenweise durchs norwegische Land, in vierzig-, fünfzig-, sechzigtausend Exemplaren, sagt man. Und vielleicht in vielen Tausend mehr.

Das mag sein, wie es will.

Die Leute bringen den politischen Gefangenen mit etwas Kriminellem in Verbindung, vielleicht geht er mit einer Kanone, hütet euch vor seinem Messer, besonders Kinder und Jugendliche sollten aufpassen. Ich habe es in diesen Wochen und Monaten gemerkt, es war rührend anzusehen. Was hätte es dem jungen Mann ausgemacht, höflich zu sein und die Postkarte mitzunehmen? Gut, mir kann das egal sein. Aber für mich ist es eine unsichere Sache, eine Karte abzuschicken. Die jungen Schwestern wollen gern frei sein, wenn sie in die Stadt gehen, verstehe ich. Und der Postbote nimmt nichts an.

Ich lese, bummle und lege Patiencen.

• • •

Apropos Messer. Es hat sich ein Messer zu mir verirrt, ich verstehe das nicht. Ein schönes Messer, mit gravierten Beschlägen aus Neusilber und Lederfutteral. Ich frage den Mann, der den Hof fegt, aber es gehört ihm nicht. Dann werde ich wohl die Oberschwester fragen müssen.

Ein Herr in grauem Sommeranzug kommt in mein Zimmer, nickt und sagt nichts. Vielleicht geht er von der Annahme aus, dass ich ihn kenne, aber das ist nicht der Fall. Dann ist mir, als ob er murmelt, er sei Doktor, und seinen Namen sagt. Ich höre nichts und muss nachfragen, Erichsen? Aber ich kenne nur einen Doktor Erichsen, und der soll verhaftet sein, habe ich gehört. Der fremde Herr sucht etwas in seiner Brieftasche, vielleicht seine Karte, findet sie nicht und gibt es auf. Da stehen wir.

Wollen Sie was von mir?, frage ich.

Er schüttelt den Kopf, und ich verstehe, dass er mir nur Guten Tag sagen will.

Ich danke. Das ist liebenswürdig. Zurzeit habe ich ja sonst meist mit der Polizei zu tun, ich bin Gefangener, wissen Sie, Landesverräter –

Wie geht es Ihnen hier?, fragt er.

Ausgezeichnet.

Kurz darauf ging er. Er war sehr freundlich, aber er sprach nicht laut genug mit mir.

• • •

Im Übrigen lassen die Leute es nicht an Freundlichkeit fehlen. Es gibt hier eine Abkürzung, einen Pfad zu meinem Hügel hinauf, den benutzen viele, statt am eigentlichen Krankenhaus vorbeizugehen. Da sitze ich hin und wieder, weil es da gute Plätze gibt, wo man in aller Dummheit und Ruhe sitzen und die Ameisen beobachten und weise werden kann. Dann gehen die Leute vorbei, und manche grüßen. Sie wissen, warum ich hier sitze, aber sie grüßen.

Eines Tages bleibt eine ältere Dame stehen und sieht mich an. Ich stehe auf und ziehe den Hut. Sie beginnt zu sprechen, ich sage, dass ich nichts höre, doch sie spricht. Dann zeigt sie zum Himmel, und ich nicke. Sie zeigt immer wieder zum Himmel, als gebe es vielleicht auch für mich Hilfe, und ich nicke. Sie hält eine andere Dame an, die vorbeikommt, und die beiden Damen sind sich einig und geben mir die Hand, als sie gehen. Lauter Freundlichkeit.

Und ich – in meiner Gedankenlosigkeit habe ich ihnen meine Postkarte nicht mitgegeben!

Ich schüttele den Kopf über mich selbst und gehe zur

Strafe an der steilsten Stelle den Hügel rauf. Es könnte notwendig werden, ernstlich etwas zu unternehmen, denn meine Schuhe sind nun noch mehr zerrissen. Sie sind wohl acht Jahre alt und stammen aus der Zeit, als ich in Serbien war.

Ich war auf die andere Seite des Hügels gelangt und ging weiter, bis ich den Kirchturm sah. Natürlich war ich jetzt auf verbotenem Gebiet, aber wenn ich mich weit genug vorwagte – und noch ein bisschen weiter –, dann konnte ich meine Uhr mit der Turmuhr vergleichen. Im Übrigen war ich eigentlich hier, um mich nach einem Briefkasten umzusehen.

Rechter Hand befand sich eine Straße, in der kein Leben war. Ich ging dort hinunter, hatte aber auch Angst, also ging ich auf Zehenspitzen. Ganz unten erkannte ich Grefstads Eisenwarenhandel, und davor hing ein Briefkasten.

Sollte ich frech sein? Es handelt sich um wenige Schritte. Ich blicke mich lauernd um, aber kein Mensch ist da. Als Nächstes sause ich wie ein Strich über die Straße, stecke meine Postkarte in den Kasten und sause wie ein Strich wieder zurück. Dann beginne ich zu gehen.

Ich war nicht weit bergauf gekommen, da bekam ich einen Stoß in den Rücken. Polizei. In den letzten Wochen war ich unbeholfen und reizbar geworden, also zuckte ich gewaltig zusammen.

Ich will Ihnen nur sagen, dass die Kirchenuhr zwanzig Minuten nachgeht, sage ich. Haben Sie eine Uhr bei sich?

Er sucht seine Uhr raus, und wir vergleichen.

Aber das nützt Ihnen nichts, sagt er. Sie haben keine Erlaubnis, sich hier auf den Straßen aufzuhalten. Wie kommen Sie dazu?

Ich erkläre alles, nur eine Postkarte, wenige Worte. Hier, sehen Sie sich doch meine Schuhe an.

Wir reden von zwei verschiedenen Dingen, sagt er.

Ganz gewiss, sage auch ich. Und ich bitte Sie um Entschuldigung. Übrigens, waren Sie es nicht, der mich damals zum Krankenhaus gefahren hat?

Nein, antwortet er kurz. Es kann auch egal sein, wer das war.

Gut. Es ist nur so, dass ich dringend diese kleine Postkarte abschicken musste, die ich zum Briefkasten gebracht habe.

Hören Sie, sagt er. Sie haben die Auflage, sich im Krankenhaus aufzuhalten, und ich will Sie nicht wieder hier in der Stadt sehen. Verstehen Sie?

Ja, sage ich. Und ich denke gerade daran, was für ein Pech ich hatte. Ich hätte ja ein bisschen warten und Ihnen die Postkarte jetzt mitgeben können, dann hätten Sie sie eingeworfen, und alles wäre legal gewesen.

Er sieht mich eine Weile an, dann sagt er: Diesmal werde ich Sie nicht melden. Aber nun verschwinden Sie auf der Stelle. Marsch!

• • •

Das *Morgenbladet* hat früher wirklich gute Fortsetzungsromane zum Sammeln gehabt. Wie sie jetzt sind, weiß ich nicht, aber zu Smith Petersens Zeit war es verständig ausgewählte Literatur, und ich kann mir zurzeit keine bessere Lektüre wünschen. Die Sache ist nur die, sie halten nicht lange vor, obwohl sie Hunderte von Seiten lang sind. Ich habe ein ganzes Haus voller Bücher auf meinem Grundstück daheim und könnte mir von Zeit zu Zeit eine Autoladung kommen lassen, aber mit mir ist auch mein Geld verhaftet worden, das darf man nicht vergessen. Es ärgert mich nicht, ich lächle darüber und schmeichle niemandem. Eine freundliche Dame auf Java hat mir über Holland eine Kiste Zigarren geschickt, sie und ihr Mann hätten ein paar Bücher von mir gelesen, sagt sie, schönen Gruß und Dank. Aber dass sie das getan hat, denke ich, für einen Fremden so weit fort, Gott segne sie! Der Greis wird von den Menschen bevorzugt behandelt. Aber eines Tages habe ich keine Zigarren mehr, was dann? Dann höre ich auf zu rauchen, ja, ich höre auf. Das habe ich schon dreimal getan, jedes Mal für ein Jahr, von Datum zu Datum. Ich will so weit Herr meiner selbst sein, dass ich aufhören kann. Gut. Aber ich fange ja wieder an, wozu dient dann das Ganze? Ich will so weit Herr meiner selbst sein, dass ich auch wieder anfangen kann.

Und nun gedenke ich keineswegs, dieses, mein Licht, unter den Scheffel zu stellen.

• • •

Im täglichen Leben passiert zurzeit nicht viel. Ein alter Mann zieht einen Sarg auf einem Karren den Hügel herauf, seine alte Frau geht hinterher und hilft schieben. Es ist das zweite Mal, solange ich hier bin, dass das alte Paar mit einem Sarg kommt, unten im Krankenhaus ist jemand in der Nacht gestorben, und die Leiche wird in einem Nebengebäude hier auf dem Hügel abgestellt, bis sie in die Erde kommt. Still und friedlich, nichts Besonderes. Er macht das Seil los, geht ans Kopfende und zieht. Die Frau schiebt nach. Und der Sarg gleitet säuberlich auf den Fußboden.

Haben Sie hier vielleicht ein Messer liegen gelassen?, frage ich.

Ein Messer?, sagt er vermutlich. Denn ich sehe, wie er an sich herumtastet, dann schüttelt er den Kopf.

Es folgt ein Strom von Worten, er will mehr über das Messer wissen, wie ist es, wie sieht es aus? Ich gehe weg, als sei mir gerade eingefallen, dass ich was in meinem Büro zu tun habe.

Und das habe ich auch. In Wirklichkeit bin ich nicht unbeschäftigt, ich muss wie alle Menschen in dieser Zeit täglich meine Socken stopfen und meine Jacke am Ellbogen flicken. Dazu kommen allerlei kleine Dinge, die ich nicht erwähnen will: das Bett machen, die Morgenzigarre rauchen, Fliegen totschlagen. Ich muss ein Stuhlbein befestigen, das ständig herausfällt, und für meinen Hut einen Nagel in die Wand schlagen, und dafür habe ich mir einen Stein gesucht. Schließlich müsste ich wohl auch einen gewissen Brief beantworten, der vorigen Monat gekommen ist, aber ich bin kein Skribent und lasse es sein.

Alles muss getan werden.

Über meine Außenwelt ist weniger zu sagen. Hier gibt es nur den kahlen Hügel ohne ein Blumenbeet, das Wetter ist streng, der Wind fast immer stark; aber man hat es nicht weit bis zu Bäumen und Wald und Vögeln in der Luft und allerlei Gewürm auf der Erde. Ah, die Welt ist auch hier schön, und wir sollten dankbar sein, dass wir in ihr sein dürfen. Hier gibt es einen Reichtum von Farben selbst auf Felsen und Heide, es gibt Farnkräuter in tadellosen Formen, und dieser Tüpfelfarn, den ich gefunden habe, hinterlässt auf meiner Zunge einen guten Geschmack.

Dann fliegt ein Flugzeug über den Hügel und bringt Leben. Und unten am Hügel sind zwei Kühe angepflockt, aber sie tun mir leid, ich sehe, dass sie brüllen und ungeduldig sind, weil sie nicht umgepflockt werden und kein Wasser bekommen.

Wenn es so weit ist, bringt man mir das Essen. Eine der drei jungen Schwestern schiebt ein Tablett auf meinen Tisch, macht auf dem Absatz kehrt und geht. Vielen Dank!, rufe ich ihr nach. Nein, die drei Krankenschwestern ändern ihre Taktik nicht. Vermutlich ist es nicht leicht für sie, den Hügel raufzugehen, ohne den Kaffee oder die Suppe zu verschütten. Ich weiß nicht. Aber alles schwimmt auf dem Tablett. So soll es sein, ich habe es verdient. Anfangs, als ich hier wohnte, versuchte ich ihnen zu erklären, dass ich niemanden umgebracht, nichts gestohlen und kein Haus angezündet habe, aber das machte keinen Eindruck auf sie, es langweilte sie. Jetzt erkläre ich nichts mehr, denn es ist nichts, wovon man Aufhebens machen sollte. Suppe hier, Kaffee dort, auch das ist in Ordnung. Aber jetzt fische ich einen Brief vom Tablett, er ist geöffnet und wieder verschlossen worden, die Polizei hat ihn so geschickt. Oder es ist ein Ausschnitt aus einer schwedischen Zeitung. Oder mir schickt eine liebenswürdige dänische Schauspielerin einen Gruß. Was ich so vom Tablett fische, trockne ich in der Sonne. Auch das ist gut so. Aber um die drei Schwestern ist es schade, jung und hübsch, wie sie sind, aber so schlecht erzogen.

• • •

Hier geht die Sage von Smith Petersens abgebrannter Villa. Sie soll ein prächtiger Anblick und ein Ausflugsziel gewesen sein.

Zuerst komme ich zu einer Holzbrücke ohne Geländer, fast nur ein Steg, aber dann bleibe ich bei ein paar gewaltigen Espen stehen, hundert Jahre alt und ehrwürdig, es sind nur fünf, sechs, nicht mehr, die übrigen sind wohl eingegangen. Ich kämpfe mich auf einem steinigen und unordentlichen Weg bergauf und komme zur Ruine.

Die Villa war ein Holzbau, die Wände, die noch stehen, lassen auf ein kleines gewöhnliches Landhaus mit Vor- und Anbauten schließen, die nach Bedarf dazukamen. Ich kann mir beim besten Willen nicht vorstellen, dass es was Besonderes gewesen sein soll, aber es könnte ja eine innere Größe besessen haben, Gemütlichkeit und Komfort, Pracht und Luxus und alle Herrlichkeit auf Erden, was weiß ich. Es mag hier Feste und große Momente und märchenhafte Nächte gegeben haben, die in der Sage fortleben. Hier hat es mal eine Dynastie Smith Petersen gegeben, einige davon mit Bindestrich, andere ohne. Ein Smith Petersen war Konsularagent in Grimstad, man spricht noch von Smith Petersens Brücke, ich weiß nichts über die Familie, habe nur einmal einen Brief von einem Smith Petersen mit einer jämmerlich unleserlichen Handschrift erhalten. War er nicht französischer Konsul? Wahrscheinlich fuhr er mit zwei Pferden und Kutscher und blanken Knöpfen, und das war zu seiner Zeit eine ganze Menge, jetzt hätte er zwei Limousinen und müsste einen ordentlichen Weg zu seinem Haus anlegen.

Aber das ist es nicht, was ich zu ergründen versuche, sondern dieses: dass so wenige Dinge Dauer haben. Dass selbst Dynastien schwach werden. Dass eines Tages auch das Grandiose fällt. In dieser Überlegung, diesem Gedanken ist nichts Pessimistisches, sondern nur die Erkenntnis zu sehen, wie wenig stillstehend, wie dynamisch das Leben ist. Alles rührt sich und ist quicklebendig, auf und ab nach allen Seiten, stürzt das eine ein, erhebt sich ein anderes, steht eine Weile mächtig in der Welt und vergeht. Im Haavamaal wird an eine unschuldig statische Dauer des Nachruhms geglaubt. Aber auf Madagaskar haben die Madagassen ein Sprichwort: Tesaka liebt die Dinge nicht, die von langer Dauer sind!

Ach, die gackernden Hühner von Madagaskar, sie haben es so, wie sie es haben wollen.

So klug sind wir Menschen nicht, wir wollen die Illusion nicht aufgeben, von Dauer zu sein. Vis-à-vis Gott und dem Schicksal versuchen wir, uns Nachruhm und Unsterblichkeit zu ertrotzen, unsere eigene Albernheit zu küssen und zu streicheln und ohne Form und Haltung welk zu Boden zu sinken.

Ich habe eine Zeichnung von Engstrøm von vor fünfzig

Jahren vor Augen: Ein uraltes Paar sitzt auf einer Gartenbank und schnarcht leise. Es ist Herbst. Er hat lange Bartstoppeln. Die Hände hat er um seinen Stab gelegt.

Nun murmeln sie Folgendes:

Ich erinnere mich an ein Mädchen, das Emilie hieß.

Ach, du, das war doch ich.

Ach, du warst das.

Bjørnson war sich seiner Dauer bewusst: Die Zeit nimmt sie mit! Und da glauben wir anderen, was zu sagen zu haben!

Ich für mein Teil sitze und notiere und schreibe ein bisschen von einer abgebrannten Holzvilla und mache mir meine Gedanken dabei. Drüben auf dem nächsten Hof läuft ein kleiner Hund herum, und ich sehe, dass er zu mir herüber bellt, aber das stört mich nicht. Ich habe Frieden, mein Sinn ist rein und mein Gewissen frei. Ich bekomme Briefe, man werde mich noch ewig lesen, auch Jøssinger* rühmen mich. Diese Freundlichkeit lassen wir auf sich beruhen. Aber es gibt doch wenig, was dauert, die Zeit nimmt es, sie nimmt alles und alle. Ich verliere ein bisschen von meinem Namen in der Welt, ein Bild, eine Büste – eine Reiterstatue wäre es kaum geworden.

Aber es gibt etwas, das ist schlimmer – auch schlimmer, darüber zu reden. Ich dachte, ich stünde gut mit Kindern. Sie kamen von Zeit zu Zeit mit ihren kleinen Büchern, ich musste meinen Namen hineinschreiben, und sie machten einen Diener und sagten Danke, und wir waren fröhlich zusammen. Jetzt benutzt man mich als Schreckbild für Kinder.

Auch das lassen wir auf sich beruhen. In hundert Jahren

und vielleicht weniger sind die Namen der Kinder mitsamt meinem vergessen.

• • •

Ich begreife nicht, was für ein Mensch es war, der das Buch von Topsøe gekauft und in ein Krankenhaus mitgenommen hat. Ich habe ein paar Tage darüber nachgedacht. Und jetzt will ich das Buch wieder zur Hand nehmen, und es ist verschwunden.

Verschwunden.

Wer hat es genommen? Fragen wird nichts nützen, ich bekomme keine Antwort, höchstens heißt es: Weiß ich nicht! Ich wollte das Buch genau untersuchen, Blatt für Blatt, auf ein vielleicht vorhandenes Zeichen hin, schade, dass ich es nicht gleich getan habe, jetzt ist es zu spät. Es war ein schönes unbenutztes Exemplar, kann aber durchaus vor fünfzig oder hundert Jahren gekauft worden sein – alle Jahreszahlen sind mir entfallen, und zum Nachschlagen habe ich nichts.

Als verhältnismäßig junger Mensch begegnete ich der Familie Topsøe in Paris, aber nur der Frau und drei Kindern, Topsøe selbst war tot. Eine schöne und liebenswürdige Familie mit Interessen, eine Tochter spielte Geige, eine andere studierte wohl Kunst, nichts davon lag auf meiner Bahn.

Aber der Patient, der irgendwann ins Grimstader Krankenhaus kam, ein Buch von Topsøe in der Hand, wer war er? Aus lauter Muße und Müßiggang spiele ich mir selbst ein bisschen Komödie vor und tue so, als sei es mir wichtig, dieses Geheimnis zu lüften, in Wirklichkeit interessiert es mich nicht die Spur. Das habe ich mir auch in deutlichen Worten gesagt: Es ist reiner Unfug, was du treibst, schlimmer als Kreuzworträtsel und Patiencen, denkst du, ich weiß das nicht!

Worauf ich dazu übergehe, ein bisschen Wäsche zu waschen, um mich nützlich zu machen. Hier gibt es kein warmes Wasser, aber ich habe Seife und bin nicht aufgeschmissen, ich beherrsche die Kunst aus meinen jungen Tagen in der Prärie, da gab es auch kein warmes Wasser.

Plötzlich klopft es an der Tür. Ich bin nicht ganz angezogen, aber ich sage: Herein. Es ist eine Dame, ein junges Mädchen. Lieber Himmel!, entschlüpft es mir. Denn ich stehe nicht nur mit nacktem Oberkörper da, sondern habe noch nicht mal meine Zähne im Mund.

Sie bewegt die Lippen. Sie ist blass und verlegen.

Ich höre nicht, Fräulein.

Sie schreibt auf ein Stück Papier: Entschuldigen Sie, dass ich Ihnen das Buch weggenommen habe.

Welches Buch?

Topsøe.

Das ist nicht mein Buch.

Ich habe es gestern hier von Ihrem Tisch genommen.

Ach so. Ich habe es im Schrank draußen im Flur gefunden. Es ist ein dänisches Buch.

Ja. Glänzend!, schrieb sie. Ich habe nicht gewusst, dass es noch einen anderen Topsøe gibt.

Inzwischen bin ich wieder aufgetakelt.

Die Dame schreibt: Bitte, entschuldigen Sie! Ich habe

gestern ganz oft an die Tür geklopft, wirklich. Aber dann bin ich reingegangen.

Ich sage in meiner Verwirrung: Ich dachte, Sie wären aus Dänemark.

Sie schüttelte den Kopf und schrieb ihren Namen auf.

Sie erzählte, sie wohne in einem kleinen Badeort an der Küste. Ihre Mutter und sie. Sie seien jedes Jahr hier. Es sei nur eine Hütte auf einer Insel. Leider müssten sie jetzt abreisen.

Warum haben Sie Schreibzeug bei sich? Machen Sie Notizen, wenn Sie lesen?

Sie errötete und schrieb: Ich habe gewusst, dass Sie taub sind.

Wollen Sie sich nicht setzen, Fräulein?

Sie schrieb und schrieb, sie hatte schöne Hände, feine Nägel, an der linken Hand ein paar Ringe. Das Gesicht hat sie sich nicht angemalt. Sie ist jung und natürlich, ich meine, unschuldig.

Ich komme ein bisschen ins Plaudern: Ich muss lachen, wie Sie mich vorfinden, was werden Sie denken! Sehen Sie, ich muss dies und das waschen, ich könnte es nach Hause schicken, aber das dauert. Gerade heute habe ich ein Paar Schuhe von zu Hause bekommen, was mich große Mühe gekostet hat.

Sie Armer!

Nein, nein, ich lache darüber. Es ist nur ein Übergang.

Das sieht Ihnen ähnlich! Zu Hause lachen wir manchmal alle miteinander, wenn wir was Lustiges von Ihnen lesen! Aber manchmal –

Seid ihr viele zu Hause?

Nur meine Schwester, aber sie ist verheiratet und hat ihr eigenes Zuhause. Und Vater und Mutter und ich.

Ist Ihr Vater nicht mit Ihnen auf der Insel?

Nein. Dieses Jahr nicht. Er ist verhaftet.

Pause.

Es ist nett, dass Sie zu mir gekommen sind.

Nein. Wir wussten, dass Sie es nicht wollen. Aber jetzt müssen wir abreisen, und da haben sie mich hergeschickt. Die ganze Familie. Ha, ha, lachte sie.

Doch, es ist nett von Ihnen. Ich will zwar keinen zu mir lassen, aber das gilt nur so im Allgemeinen. Sehen Sie, ich bin taub, und niemand hat die Geduld, mit mir zu sprechen, da habe ich am Ende vergessen zu reden.

Ich frage mich, ob Sie wirklich so taub sind. Darf ich es ausprobieren?

Sie sprach langsam und leise in mein linkes Ohr, sagte ein paar Nebensächlichkeiten und sah mich dann fragend an.

Ja, sage ich und nicke.

Haben Sie's wirklich gehört?

Ja, jedes Wort, glaube ich. Wie konnten Sie wissen, dass mein linkes Ohr das bessere ist?

Weil Sie die linke Seite herwenden, wenn Sie zuhören. Ich habe es bemerkt.

Wir sprachen miteinander und schrieben nicht mehr. Ich lobte ihre scharfe Beobachtungsgabe, und sie erzählte, sie habe mit der Krankenpflege angefangen. Ich dankte ihr, dass sie gekommen sei, ja, ich segnete sie. Das werde ich zu Hause erzählen!, sagte sie.

Sie sucht was in ihrer Handtasche, findet es und reicht es mir. Von Mutter, sagt sie, es ist Garn, zum Stopfen. Ich habe hier gestern eine Socke liegen sehen, mit der Sie angefangen hatten, die Nadel steckte drin, sie lag dort auf dem Bett –

Ach ja?

Ja. Aber Sie dürfen es mir nicht übel nehmen, bitte!, sagte sie. Sonst schnüffle ich nicht so herum –

Nein, liebes Kind.

Das tue ich nämlich nicht. Aber ich habe gesehen, dass Sie die Wollsocke mit einem Leinenfaden stopfen.

Na ja – ich bin nicht ausgelernt.

Aber Sie haben wohl keinen ... Mutter dachte, Sie hätten vielleicht keinen Wollfaden.

Doch, aber ich habe ihn vergessen. Ich kriege neuen.

Woher? Sie können jetzt nichts kaufen.

Dieses Teufelsmädchen, sie nagelt mich fest, und ich sage: Sagen Sie bitte Ihrer Mutter meinen Dank. Das ist wirklich sehr liebenswürdig von ihr. So was habe ich noch nicht gehört, Wollgarn in diesen Zeiten.

Ja, wir reden miteinander, und es geht. Aber mit dem Opfer ihrerseits, dass sie sehr nahe an meinem Ohr sein muss. Sie sagt, sie sei froh, mich heute angetroffen zu haben, denn morgen müssten sie abreisen. Ich sage, ich danke ihr, dass sie gekommen sei, und sei sehr traurig, dass sie abreise. Wirklich?, fragt sie. Das will ich auch zu Hause erzählen!

Als sie gegangen war, saß ich da und dachte nach. Das

war eine wunderbare Begegnung für mich. Hörbare Stille hinter ihr. Und nun liegt Topsøes Buch dort auf dem Tisch, unaufgeklärt wie zuvor, aber jetzt ist es mir egal, wem es im vorigen Jahrhundert gehört hat. Nichts ist wie das lebendige Leben, wenn es einen anhaucht.

• • •

Der 2. September. Ein Polizist kommt in mein Zimmer und sagt ohne Einleitung: Sie müssen umziehen.

Ach. Und wo soll ich hin?

Nach Landvik.

Die Oberschwester kommt dazu und sagt: Landvik. Ich frage, wohin in Landvik? Darauf bekomme ich keine Antwort, aber die Oberschwester erklärt, das Krankenhaus müsse jetzt Patienten mit Kinderlähmung aufnehmen, mein Zimmer werde belegt.

Ich danke ihr für den Aufenthalt und für all die Bücher, die ich ausleihen durfte und nun ausgelesen habe. Dann packe ich meinen Koffer und steige zum Chauffeur ins Auto.

Ich frage nicht mehr, wohin es geht in Landvik, mir ist es gleichgültig, wohin wir fahren, wir biegen auf einen kleinen Weg ein, und in einer Kurve lese ich »Altersheim« an einem großen weißen Haus.

Deshalb also waren die Oberschwester und der Polizist so geheimnisvoll, sie wollten mich mit dem Altersheim nicht erschrecken. Aber das passt ja gerade gut, ich muss über ihre Fürsorglichkeit lächeln. Ich lasse mich nicht stören und nehme mir Zeit beim Aussteigen. Das ist Getue von mir.

In Wirklichkeit verwirrt es mich ein bisschen, so viele Alte auf einem Fleck zu sehen.

Ich begrüße die Vorsteherin, bekomme ein Zimmer im ersten Stock und winke dem Polizeiauto zum Abschied nach. Es ist Sonntag und die Sonne scheint, deshalb sind an der Treppe vor dem Haus so viele Menschen. Ich mische mich unter sie, keiner redet mit mir, es würde sich auch nicht lohnen, ihr neuer Kamerad ist taub.

Und hier im Altersheim erlebe ich nun die Tage, wie sie kommen. Ohne mein Zutun geht alles seinen Gang. Abenteuer? Große Erschütterungen? Weit gefehlt. Wenn man es nicht eine Erfahrung nennen soll, dass ich in Goethes Farbenlehre von den Komplementärfarben lese und kein Wort verstehe.

Aber ich bin der Polizei dankbar, dass ich hier bin, es ist ein Wunschort für mich. Hier mache ich lange Märsche, ohne was von einer Stadtgrenze hören zu müssen, esse, schlafe und lese. Ich schreibe auch ein wenig, aber das will ich nicht erwähnen, um niemanden zu ärgern.

Das Altersheim ist groß, einer großen Kommune würdig. Es gibt ein Gemeindeamt, verschiedene Büros und eine Volksbücherei, tägliche Post, Telefon, Radio und viele Menschen, die kommen und gehen, und rings um diesen Mittelpunkt das ganze Land. Das wichtigste Büro ist wohl das des Kassierers, aber im Fürsorgebüro sitzen zwei junge Mädchen und schreiben, zwei Schönheiten mitten in dieser unglaublichen Greisenwelt von Achtzig-, Neunzigjährigen.

Da es mir nicht erlaubt war, Zeitungen zu lesen, habe ich es heimlich getan. Im Krankenhaus war es schwierig, aber wenn ich Wäsche von zu Hause bekam, waren auch verschiedene Zeitungen in einem besonderen Bündel dabei, dadurch erfuhr ich etwas von den Ereignissen, zum ersten Mal auch von deutschen Gräueltaten in unserem Land. Es gab zwar große Löcher in meinen derart mit der Wäsche zugeschickten Kenntnissen, aber ich wurde doch nicht ganz zum Analphabeten.

Hier im Altersheim ist es leichter, ich kann die Grimstader Zeitung regelmäßig in der Küche lesen, und das ist eine große Hilfe. Überhaupt ist es hier einfacher, die Leiterin ist eine Frau mit Verständnis und guter Laune, sie hat das Heim seit dreiundzwanzig Jahren unter sich, und obwohl sie nur halb so alt ist wie manche von uns, macht sie unter uns Pflegekindern regelmäßig die Runde mit Schokolade und Süßigkeiten und Kuchen, wenn die Zuteilung gekommen ist. Das Einzige, was sie nicht für mich erreichen kann, ist das Wohlwollen des Bibliothekars. Das schafft sie nicht. Er ist Seminarist und Lehrer, er wünscht nicht, dass Bücher aus der Volksbibliothek an mich ausgeliehen werden.

Obwohl ich vielleicht ein paar davon geschrieben habe. Ich weiß nicht.

• • •

Wenn ich meine Ausflüge mache, strenge ich mich tüchtig an, um mir nichts vorwerfen zu müssen. Ich tue es wegen der Nacht, um den Schlaf zu bekommen, den ich mir damit nach und nach verdiene. Schlaf ist besser als Essen, gar kein Vergleich. Ach, Schlaf bedeutet nicht, dass ich mir Essen ins

Gehirn schaufele, das nicht. Sondern Schlaf ist die wunderbare Verrücktheit, dass ich in einer Tasche Geld finde, das ich nie verloren und sehr gesucht habe. Schlaf ist, dass ich endlich von einem starken Seemann loskomme, den ich umbringen wollte, der mich dafür aber mit einer Gartenschere zwickt. Ja, so wunderbar voller Fabeln und Leben und Mirakel ist der Schlaf.

Aber deshalb kann ja auch Essen zu was gut sein, meinetwegen gern.

Ich habe keine festen Zeiten, wenn es mir einfällt, nehme ich meinen Stab und gehe. Es liegt mir nicht viel daran, den Stab zu benutzen, er soll nur mitkommen wie ein Hund, nicht mehr. Die meisten Leute bezeichnen meinen Stab als Stock, als Spazierstock: Soll ich Ihnen Ihren Spazierstock holen, sagten sie früher mal in den Hotels zu mir. Aber das fand ich zu fein, also nenne ich ihn Stab. Er hat die Fasson eines Krummstabs und eine Gummispitze, aber ganz unten, wo er gesplittert ist, hat er leider auch einen Zurring aus Stahldraht, der ihn verschandelt. Im Übrigen hat er auch einige metrische Abstandsmarken, die mich unabhängig machen, falls notwendig.

Ich grüße die Kinder, denen ich begegne, einige Jungen haben vermutlich gehört, dass ich taub bin, sie machen sich einen Spaß daraus, dicht heranzukommen und irgendwas zu schreien. Ich grüße auch Erwachsene, wenn ich finde, dass sie dazu einladen, aber wenn sie abweisend sind und sich abwenden, gehe ich gleichgültig an ihnen vorbei. Aber ich grüße gern, das lässt sich nicht leugnen, allzu gern. Ich habe es in meiner Kindheit gelernt, damals sagten sie, es gehöre sich so, und das sitzt noch in mir.

An einem sonnigen Morgen in Prag war ich unterwegs und suchte einen Tabakladen. Als ich reinging, stand ein Mönch da, die Frau hinter dem Ladentisch gab ihm gerade eine Münze, und er dankte und wollte gehen. Die Szene war meinem norwegischen Herzen sehr fremd, und ich fügte der ersten sofort eine weitere Münze hinzu. Der Mönch, überwältigt, begann zu sprechen, hob beide Hände, ich vergaß, was ich wollte, kaufte nichts, lief hinaus, auf die Straße, weg. Dann ging ich umher und liebte die Menschen und die Welt, grüßte alle, denen ich begegnete, und die Menschen lächelten zurück und grüßten ebenfalls, niemand hielt mich an, alles war schön. Was die Leute dachten, was die Straße dachte, weiß ich nicht, vielleicht, dass ich früh angefangen haben musste, wenn ich jetzt schon aus der Weinstube kam. Was kümmerte mich das! Ich bin, der ich bin, und Prag ist eine herrliche Stadt.

Ich las vor langer, langer Zeit – ich bin so alt, und alles ist jetzt vor einer großen Zeitspanne passiert –, ich las eine Geschichte über Sokrates. Er ging mit einem Freund die Straße entlang, und Sokrates grüßte jemanden, dem sie begegneten. Er hat nicht geantwortet!, sagte der Freund ärgerlich. Sokrates lächelte und sagte: Mir macht es nichts, dass ich höflicher bin als er.

Mir strömt so viel zu, was ich zu meiner Verteidigung sagen könnte, aber ich schweige davon. Ich könnte zum Beispiel an die alten Norweger erinnern, die mit ausgestreckter rechter Hand grüßten, um zu zeigen, dass sie ohne Waffen kamen. Oder dass ich mit dem japanischen Minister in einem Fahrstuhl in Oslo stand und wir beide gleich höflich waren und keiner als Erster aussteigen wollte. Auch bereue ich nicht, dass ich aufstand und meinen Platz einer Dame überließ, die in Versailles in die Straßenbahn gestiegen kam. Zwar standen sämtliche Herren auf, aber ich als Erster. Sie war eine schöne alte Dame mit Witwenschleier und Perlenkette um den Hals, wahrhaftig vielleicht eine Herzogin von Geburt, sie hätte mich adoptieren können. Jedenfalls erteilte ich diesen Herren, den Franzosen, eine Lektion in Höflichkeit, die sie nicht vergessen werden, ich war der Erste.

Ja, das war in meinen jungen Tagen, die jetzt kein Interesse mehr haben und deshalb nicht erwähnt werden sollen. Aber ich erinnere mich, dass wir sogar in Nordland, in der Vogtei von Salten, die Mütze demütig unter den linken Arm klemmten und Frieden! sagten, wenn wir reingingen, und Gott segne die Arbeit! zu denen, die arbeiteten, und Bleibt in Frieden!, wenn wir wieder gingen.

Das war unser Gruß.

• • •

Heute, den 22. September, wieder zum Untersuchungsrichter gerufen.

Es ist früh am Morgen, zu früh für mich und für das ganze Altersheim. Man hätte mir vorher Bescheid sagen können, aber das ist nicht geschehen, wozu gibt es ein Telefon? Einem Polizisten macht es nichts aus, er kann einfach ins Auto steigen und kommen, aber der Gefangene hat zu folgen, wo er geht und steht. Ich bin gern fertig und angezogen, wenn ich vor den Untersuchungsrichter trete. Auch im zaristischen Russland gönnte man den Gefangenen ein bisschen Zeit. Hier ist das nicht so.

Ich murmelte eine Entschuldigung, und der alte feine Untersuchungsrichter entschuldigte mich. Im Übrigen wollte er nicht viel: Die festgesetzte Zeit war heute vorbei, und nun sollte die Frist bis zum 23. November verlängert werden. Das wurde beschlossen, niedergeschrieben und mit verschiedenen Fragen begründet, die mir der Richter schriftlich vorlegte, um nicht in meine tauben Ohren sprechen zu müssen. Ich antwortete der Reihe nach und blieb bei meiner früheren Erklärung, dass ich einstehe für das, was ich getan habe.

Dann waren wir fertig, und ich konnte zurückgebracht werden und mich anziehen.

• • •

Zwei weitere Monate – gut, das macht für mich keinen Unterschied. Eigentlich gehöre ich nicht hierher ins Altersheim, ich bin ein Außenstehender, aber die Alten sind freundlich und lassen es mich nicht merken. Sie haben von sich aus diesen Ort aufgesucht, weil er sehr gut geeignet ist, um seine letzten Tage zu verleben, ich dagegen bin mithilfe der Polizei gekommen und zwangsweise eingewiesen. Die anderen mögen auch ihre Gebrechen haben, die einen im Kreuz, andere sind schwach auf den Beinen, aber ich bin ja der Baas, mir geht ein gewisser Sinn fast völlig ab, was mich ungeeignet macht zum Mummelgreis. Das ist kein geringer Fehler, und ich habe noch weit mehr: Zum Beispiel kann ich vor einem Wort, das ich benutzen will, so verzweifelt dumm dastehen, dass ich, um was zu sagen, erst was anderes sagen muss. Ich leide nicht als Einziger an dieser quälenden Krankheit, sie ist im Übrigen alt und fein und heißt Aphasie, der große Swift in England hatte sie schlimmer als ich.

Warum sollen wir murren, jeder hat seine Last zu tragen. Hier im Altersheim ist auch nichts von Belang, wir haben unsere Freiheit, zu kommen und zu gehen, uns zu bewegen, einander zu beobachten. Das Haus ist voll, fünfzehn, zwanzig, beide Geschlechter, manche bettlägerig. Hin und wieder stirbt auch einer von uns, das lässt sich nicht vermeiden, aber es macht keinen größeren Eindruck auf uns Nachlebende. Wir sehen dem weißen Sarg nach, aber wenn der Wagen verschwunden ist, wenden wir uns wieder uns selbst zu.

Ist es nicht übrigens eine Mode des Tages und dieser Zeit, dass der Sarg weiß sein muss? Ich weiß nicht, was richtig ist, aber in meiner Jugend waren die Särge schwarz, nur für kleine Kinder gab es weiße Särge. Auch sonst hat sich die Mode oder die Gewohnheit geändert: Hier in der Gegend wird für eine Leiche den ganzen Tag halbmast geflaggt, in Nordland war es Brauch, dass die Flagge, sobald der Sarg in der Erde war, von halbmast wieder nach oben ging und dort blieb.

Beide Verfahren mögen gut sein, vielleicht gleich gut.

Als ich eines Tages unterwegs bin und dies und das für

mich notiere, holt mich ein Mann ein. Das war ein bisschen sonderbar, denn ich hatte einen abgelegenen Waldweg eingeschlagen, abseits von allem Verkehr, und dachte, hier sieht mich keiner.

Der Mann lächelte kaum merklich und hielt Schritt mit mir. Das passte mir gar nicht, ich versuchte zurückzubleiben. Es half nichts. Ich höre nicht, sagte ich. Er nickte, und plötzlich sprach er sonderbar deutlich den Satz: Ich weiß, was Sie für einer sind!

Ich stutzte, lächelte über seinen verlegenen Versuch, einen Scherz zu machen, und sagte: Ich möchte gern allein gehen.

Der Mann gab mich nicht verloren, er sagte ein paar Nebensächlichkeiten, und ich verstand das eine oder andere Wort.

Er sah nicht wie ein Räuber aus, war aber lästig, ich wollte einfach kehrtmachen und meiner Wege gehen, tat, als läse ich in dem, was ich geschrieben hatte, und beachtete ihn nicht. Aber plötzlich hörte ich, dass er einen echten Ausdruck aus Salten benutzte: Verübeln Sie's nicht!

Eine Erinnerung stieg in mir auf bei diesen einfachen Worten, mein Herz hörte sie. Sind Sie aus Nordland?, fragte ich.

Oh ja, sagte er. Aber Sie kennen mich nicht.

Jetzt sagte er abwechselnd Sie, Ihr und Du, und er bemühte sich, deutlich zu sprechen, in kurzen Sätzen nahe an meinem Ohr. Vielleicht kam es vom Tonfall seiner Stimme, dass ich das meiste verstand.

Ich sage mit keinem Wort, wie er aussah, er war ganz gewöhnlich, völlig gewöhnlich: mittlere Größe, freundliches Gesicht, mager und etwas bejahrt. Vielleicht aus Bedürfnis, vielleicht aus Demut trug er seine Schuhe zusammengebunden über der Schulter und ging barfuß.

Ich freue mich, Euch zu sehen, sagte er.

So ein Kerl! Ich hätte mit den Zähnen knirschen können.

Und dass Sie mich anhören wollen, sagte er.

Ich habe doch gesagt, ich bin taub. Was soll ich mir anhören?

Wir sind beide von Hamarøy.

Ach. Ich tat, als sei das nichts Besonderes, aber es machte mich sehr viel zugänglicher.

Er gab mir einen Almanach, der einige Jahre alt war, er steckte in einem abgenutzten Ledereinband und hatte eine Menge beschriebener Seiten, die der Mann mich zu lesen bat.

Ich hatte es erwartet: die Erzählung, der Lebenslauf.

Wird es nicht langsam zu kalt, um barfuß zu gehen, sagte ich ablenkend. Wir haben bald Oktober.

Ich habe alles ganz wahrheitsgetreu aufgezeichnet, sagte er, ganz mit seiner Sache beschäftigt.

Ach, wie ich das kannte! Bis vor zehn Jahren habe ich Pakete mit der Post bekommen, mit wahrheitsgetreuen Familiengeschichten und Liebe und Gedichten. Ich kann das nicht lesen, sagte ich. Ich mag nicht.

Wir sind doch beide von Hamarøy –

Von wo dort sind Sie?

Sagfjorden, aus Kløttran.

Wie heißen Sie?

Ich? Martin. Ich nenne mich Enevoldsen.

Ich will sehen, ob ich einen Blick hineinwerfen kann, sagte ich müde und blätterte in dem Heft. Aber ich kann nicht alles lesen, nur hier und dort.

Da stand was vom Schullehrer und von einem Mann, der Berteus hieß, ein paarmal sah ich den Namen Alvilde, und man solle seinen Frieden mit Gott machen, jemand fuhr nach Klingenberg, ein Pastor kam vor, man rudert zum Fischen, schürft in den Bergen –

Nein, so konnte ich nicht lesen, und er stand da und sah mich an. Ich gab ihm das Heft zurück, aber es war klar, dass ich den Mann nicht ohne Weiteres loswerden konnte, und schließlich hatte ich auch keine Lust mehr dazu. Er hatte etwas Flehendes, und er war in meiner Hand.

Wir setzten uns ins Heidekraut und unterhielten uns, ich zündete meine Pfeife an, aber er rauchte nicht, er redete. Ich merkte, dass er befürchtete, mich zu ermüden, und er zeigte auf den Almanach und sagte: Es ist besser, du liest es selbst.

Aber ich wollte lieber zuhören.

Merkwürdig, dass ich dich so gut höre, sagte ich und schob ihn zurück. Besser als alle anderen.

Ich bin es gewohnt, deutlich zu sprechen, wenn ich vor den Leuten stehe und rede.

Wie – rede?

In Versammlungen.

Ach so, in Versammlungen. Aber ich meinte nicht die Worte, sondern den Ton, den Klang. Den Klang der Worte. Seine Stimme war nicht stark, aber wie für das Ohr gemacht, eindringend. Er konnte mit dieser Stimme Verse lesen und begeistern.

Liest du Psalmen?, fragte ich.

Ach, nein. Doch, die Psalmen Davids.

Singst du?

Nein. Aber ich spiele Orgel.

Und dann war da ein Mädchen namens Alvilde?, sagte ich plötzlich und sah ihn an.

Er war überrascht und antwortete: Ja, so heißt sie. Woher weißt du das?

Ich habe es in deinem Heft gelesen.

Ja, das durftest du gern. Mehr als gern! Daran ist nichts Schlimmes.

Aber sag mir, wie bist du dazu gekommen?

Durch Gottes Gnade!, antwortete er.

Na, schön. Aber bist du einfach weg aus Kløttran in Sagfjorden und hast auf Versammlungen gesprochen?

Nein, nein, sagte er hilflos. Erst hat mich der Pastor darauf gebracht. Es war auf einem Begräbnis, da fühlte ich, dass ich berufen wurde.

Und dann hast du gesprochen. Was hast du gesagt?

Nichts. Ich habe zu Gott gebetet. Es war beim Begräbnis von Berteus. Steht alles hier drin.

Es half alles nichts, ich kam nicht los und musste anfangen zu lesen. Ich verlor nichts dabei, weit entfernt, die ruhigen Worte und Schilderungen waren gute Erzählung und zogen mich mit.

Ich las:

• • •

Es begann mit einem Mann namens Berteus, er kam aus Kvædfjord und siedelte sich hier an. Er war verheiratet und hatte ein Kind. Ich war oft mit ihm zusammen, obwohl er älter war und ein Fischerboot geführt hatte. Ein ausgezeichneter Mann in jeder Hinsicht, er war zu mir wie ein Bruder unter Brüdern. Er bekam Bauholz aus Schøning in Hillingen, und ich half ihm, sein Haus zu bauen, dafür bekam ich die Kost und verlangte nicht mehr. Im Herbst fuhr er zurück nach Kvædfjord und schiffte sich nach den Lofoten ein, er besaß einen eigenen Achter. Die Frau blieb bei uns in ihrem neuen Haus. Ich will nichts Schlechtes über sie sagen, aber das kleine Kind blieb allein im Haus, wenn sie mit den anderen zum Beerenpflücken ging. Im Winter brachten sie Berteus mit dem Ruderboot nach Hause, er hatte Nervenfieber und lag zwei Tage und Nächte krank. Er redete ununterbrochen im Wahn, und keiner wollte bei ihm sein, weil das Nervenfieber sehr ansteckend war, und auch die Frau wagte es nicht, das Kleine könnte zu Schaden kommen und sich anstecken, sagte sie. Deshalb saß ich bei ihm und gab ihm Zuckerwasser mit einer Feder, mit der ich seine Lippen benetzte, und er redete die ganze Zeit im Wahn. Es dauerte nur zwei Tage und Nächte, dann war er tot.

Ich war ganz wirr, als das passierte, wir hatten alle gedacht, er würde sich erholen, aber es sollte nicht sein. Ich wusste nicht, wie um Himmels willen ich mich dazu stellen und mich mit diesem schnellen Tod abfinden sollte, er war so gesund und stark gewesen, als wir das Haus zimmerten, und dann wurde er abberufen! Ich lag nachts wach und grübelte und fand keinen Frieden. Seine Frau wollte ihn auf dem Kirchhof in Kvædfjord begraben, doch das ließ sich nicht machen, denn sein Boot und die Mannschaft waren wieder zu den Lofoten zum Fischen gefahren, und eine andere Fahrgelegenheit gab es nicht. Einige gute Leute ruderten nach Klingenberg, um einen Sarg und Essen für das Begräbnis zu holen, aber ich fuhr nicht mit. Wenn ich nun abberufen wurde so wie Berteus, wo würde ich dann landen? Der Schullehrer war bei mir und redete mir zu, ich solle es nicht so schwernehmen, aber das half mir nicht. Da kletterte ich über den Schnee auf einen Felsvorsprung, der Kleksen heißt, weil er genauso aussieht wie ein Adler, und da fiel ich auf die Knie und rief in meiner Not Gott und Jesus an. Das tat mir gut, ich bat um Verstand und Erleuchtung für meine Seele und wurde wahrlich erhört wie noch nie. Eine lange Zeit verging, am Himmel sank die Sonne, ich sah allerlei fremde Menschen unten bei den Häusern, sie waren mit dem Sarg von Klingenberg zurückgekommen. Da geschah es, dass eine große Klarheit und ein übermächtiges Licht in mir aufgingen, wie die größte Herrlichkeit. Ich war außer mir und redete laut auf dem ganzen Heimweg und konnte nicht aufhören. Der Pastor war gekommen, und die Leiche war in den Sarg gelegt worden, sie wollten den Deckel schließen und machten mir Zeichen, den Mund zu halten, aber der Pastor winkte ab, er hatte mich konfirmiert und kannte mich: Lasst den Martin in Ruhe!, sagte er. Ich faltete die Hände und streckte sie empor und bat um Gnade und Vergebung für Berteus' Seele und für uns alle, ich wusste nicht viel von mir und wie lange ich so betete, bis der Pastor mir die Hand gab und mir dankte. Aber als ich mich hinsetzte, schlief ich auf dem Stuhl ein und war erschöpft. Gelobt sei Gott im Himmel! Was ich hier aufgeschrieben habe, hat mit seiner großen und beständigen Gnade gegen mich zu tun seit damals auf dem Kleksen bis zum heutigen Tag.

Die Zeit verging, und es geschah nichts mehr. Die Witwe wollte zurück nach Kvædfjord und wartete auf das Boot mit der Mannschaft, die sie nach Hause bringen sollte. Es war jetzt April. Was sollte sie mit dem Haus machen? Sie versuchte es zu verkaufen, aber das gelang nicht, dann bat sie mich, den Lensmann damit zu betrauen, und das versprach ich. Als ich vom Lensmann zurückkam, sagte sie, ich könne das Haus ja solange haben. Ich fragte, was sie meine. Ich weiß nicht, was ich meine, sagte sie, aber du hast Berteus geholfen, das Haus zu zimmern, deshalb habe ich es gesagt! Ich verstand noch immer nicht, was sie meinte. Nein, du denkst nur an eine andere, sagte sie, aber die hält dich nur zum Narren, sie will ja den Schullehrer haben, nicht wahr! Ja, das weiß ich, sagte ich, und jetzt reden wir nicht mehr davon und schweigen. Aber am nächsten Tag kam das Ruderboot, um sie mit dem Kind zu holen, und sie fuhr zurück zu ihrer Familie in Kvædfjord, wo sie zu Hause war. Alles kam ins Lot. Jetzt kam der Sommer, und der Schullehrer kaufte das Haus und zog ein und hielt Schule. Er heiratete im Hochsommer und kaufte Töpfe und Kannen und andere notwendige Dinge in Klingenberg, sie waren ein glückliches Paar und lagen im Heu und waren zufrieden. Der Schullehrer ging Woche für Woche mit einem Hammer in der Hand in die Berge zum Schürfen, aber er fand keine wertvollen Metalle, die er hätte einsenden können, und mit allem, was er gekauft hatte, ging es bergab, sogar der Erwerb des Hauses musste rückgängig gemacht werden, weil er nichts in den Bergen fand.

Im Herbst bekam der Schullehrer eine bessere Stelle auf Helgeland und fuhr dorthin, wir vermissten ihn sehr, denn er war ein kundiger und geschickter Mann in allen Fächern. Er war voller Einsicht und Gelehrsamkeit vom Seminar in Tromsø gekommen, er konnte sich Maschinen ausdenken, einfach dadurch, dass er alles im Kopf hatte. Schade um so einen Mann, mich lehrte er das Orgelspiel, und andere lehrte er andere Künste, er hieß Hans Næss und war ein großer und schöner Mann, aber er war wohl nicht sehr ausdauernd und vergaß seinen Gott. Auf Helgeland kaufte er einen Hof, aber auch das ging nicht gut, er hatte ihn nur ein paar Jahre, dann musste er ihn verlassen, und alles, was sie besaßen, wurde gepfändet. Endlich fand er heraus, dass er nach Amerika fahren könnte, wo er eigentlich die ganze Zeit hätte sein sollen. Auch andere meinten, damit habe er recht, für einen Mann, der so viel konnte und so geschickt war mit Kopf und Händen, musste Amerika das einzig richtige Land sein. Er lieh sich das Geld für die Fahrkarte und rüstete sich mit gutem Mut, ich war gerade auf Helgeland, als er sich von seiner Familie verabschiedete und losfuhr. Ich konnte nichts anderes tun, als inständig zu Gott zu beten, es möge ihm in dem neuen Leben und der neuen Welt gut gehen, schließlich bat ich den gnädigen Gott auch, seine Hand über die

Frau und die beiden Kleinen zu halten, die hier zurückgelassen wurden, aber nachkommen sollten, sobald der Mann sich dazu in der Lage sah. Dann fuhr er ab. Des Herrn Wille geschehe! Sie hat ihn nie wiedergesehen.

Nein, sie hat ihn auf dieser Erde nicht wiedergesehen. Sie erhielt ein paar Briefe von ihm, er sei gut hinübergekommen und gedenke, in den Westen zu gehen, dann gab er kein Lebenszeichen mehr von sich. Sie las in den Zeitungen von einem gewaltigen Feuer in Chicago, bei dem viele Menschen umkamen, er war wohl unter den Toten, das musste sie befürchten. Aber sie hörte nicht auf, nach ihm zu fragen und zu forschen und Jahr für Jahr an ihn zu denken, und außerdem lebte sie in der traurigsten Armut. Es war eine schwere Zeit für sie, verheiratet war sie nicht und auch nicht unverheiratet, und versorgt werden musste sie mit ihren Kindern. Wenn ich in ihre Gegend kam, ertrug sie es kaum, mich zu sehen, sie sagte mir, es wäre besser gewesen, wenn ich ihm das Geld für die Fahrkarte nicht geliehen hätte, anstatt sie alle ins Unglück zu bringen. Darauf konnte ich nichts antworten und verließ sie mit traurigem Herzen. Bei ihrem damaligen Gemütszustand wagte ich nicht oft, mich bei ihr zu zeigen, schickte ihr stattdessen nur Grüße zu Weihnachten und zu den anderen Festtagen. Auch das nahm sie mir übel, und als ich das nächste Mal kam, war sie voller Bitterkeit und ließ mich viel Böses hören. Ich verstehe nicht, was du in dieser Gegend herumzulungern hast, sagte sie, bist du nicht auf Hamarøy zu Hause? Ich komme von Süden und will gerade weit nach Norden, sagte ich, da wollte ich nur vorbeischauen. Nein, du lauerst hier herum, sagte sie, was sollen die Leute zu Hause davon denken. Du glaubst doch nicht, du kannst mich so weit bringen, den Mann zu vergessen, den du weggeschickt hast? Ha, ha, guter Martin, du willst dich doch nicht mit ihm gleichstellen? Nein, das hatte ich nicht vor, sagte ich. Ja, nimm nur wieder mit, was du mitgebracht hast, ich will es nicht sehen, sagte sie, wir brauchen nichts, untersteh dich! Es ist nur ein bisschen was für die Kinder, sagte ich. Ja, aber ich verstehe nicht, warum du nicht wegbleibst, sagte sie. Ich werde wegbleiben, sagte ich.

Ich bereute, dass ich das gesagt hatte, denn ich machte es nur schlimmer und brachte sie zum Weinen. Das war schlimm anzusehen. Ich sagte zu ihr, ich denke überhaupt nicht mehr an das, was sie gesagt habe, aber sie nannte sich selbst den schlimmsten Abschaum und wollte sich nicht trösten lassen. Als ich ging, begleitete sie mich hinaus und weinte die ganze Zeit. Jetzt sehe ich dich wohl auch zum letzten Mal?, sagte sie. Sag nicht so was Trauriges, antwortete ich, vielleicht hast du beim nächsten Mal eine Nachricht bekommen. Dem Herrn ist nichts unmöglich!

• • •

Ich hörte auf zu lesen und gab ihm den Almanach zurück. Er war enttäuscht. Auch das war mir wohlbekannt, sie verstehen nicht, dass man nicht auch den ganzen Rest liest, der ja nicht schlechter ist als das andere.

Das ging ja übel aus mit diesem Schullehrer, sagte ich, um ihn milder zu stimmen. Die Frau, die er heiratete, das war wohl Alvilde?

Er stutzte. Das steht nicht da, sagte er.

Nein.

Es wird nirgendwo erwähnt.

Sag mal, hast du dein Leben seit deiner Jugend damit verbracht, auf Versammlungen zu sprechen?

Ich sage nicht viel, dazu bin ich nicht gelehrt genug. Ich bete zu Gott.

Aber so viele Jahre, es muss doch ein Menschenalter sein.

Ja, das kann man wohl sagen! Die Zeit ist leider dahingegangen und all die Jahre, und ich habe für uns Menschen auf der Erde nichts ausrichten können.

Wie bist du hergekommen, so weit in den Süden?

Ich gehe.

Zu Fuß?

Ja. Ich wandere. Ich war auch in Schweden und Finnland.

Entschuldige, dass ich frage, sagte ich. Bekommst du was dafür? Ich meine, ob dich jemand bezahlt?

Nein. Aber Gott ist mir gnädig, ich leide keine Not. Oft mache ich eine Tagesarbeit und bekomme was dafür, habe manchmal sogar was übrig. Es kommt also nicht so drauf an.

Gehst du in die Häuser und bittest um Essen?

Nein, antwortete er und schüttelte den Kopf. Aber wenn es sich so ergibt, bekomme ich was ab, wenn die anderen am Tisch sitzen.

Ach so. Aber wenn es sich nicht ergibt?

Ja, dann warte ich, bis ich woanders hinkomme, oder ich brauche nichts. Dazu gehört nicht so viel.

Ich betrachtete den mageren Wanderer und sagte: Ich bitte um Entschuldigung, aber wäre es nicht besser, du schließt dich einer Vereinigung oder einer religiösen Gemeinde oder Gesellschaft an, um was Festes zu haben?

Doch, das mag schon sein, antwortete er. Aber, siehst du, ich bin nicht gelehrt und habe keine Kenntnisse vorzuweisen, ich muss auf eigene Faust losziehen und mich an Gott halten, das ist das Sicherste. Ach, ich komme schon durch, ich bete zu Gott und bin geborgen. Betrete ich ein Haus oder Heim, danke ich Gott, dass ich unter dieses Dach gekommen bin, und bitte den Himmel um seinen Segen und Vergebung für uns alle. Meistens kommt jemand und hört zu, und wenn eine kleine Hausorgel da ist, wird es ein richtiger Lobgesang. So geht das.

Weshalb ist es so wichtig für dich, dass ich deinen Almanach lese?

Ach, das hat seinen Grund. Ich habe ja in meiner Jugend auf Hamarøy hin und wieder von dir gehört, ich kannte also deinen Namen.

Aber wie konntest du wissen, dass ich hier bin?

Ich habe es zufällig gehört. Und da dachte ich gleich, dass ich dich treffen wollte.

Ach so.

Ich habe zwar gehört, dass du taub bist, aber das hat mir wenig Angst gemacht. Mein Vater war taub und meine Mutter auch, Schreien nützte nichts, sie hörten es nicht. Es gibt auch viele Taube in den Versammlungen, die nie ein Wort über Gott oder ein Gebet hören.

Und weswegen wolltest du mich nun treffen?

Auch das kann ich dir sagen, wenn du es nicht übel aufnimmst?

Nein, nein.

Dann sage ich nur eins: Du musst dein Haus bestellen. Es ist Zeit. Du bist ein alter Mann.

Wir schwiegen beide, und er sagte nichts mehr. Keine Predigt, er hatte Verstand und verwässerte seine Worte nicht. Kann sein, dass er sich dieses Abschiedswort vorher ausgedacht hatte, kann auch sein, dass er es immer benutzte, wenn er unterwegs einem Greis begegnete.

Ich danke dir, dass du dir so viel Mühe gemacht hast, mit mir zu sprechen, sagte ich und steckte ihm einen kleinen Geldschein in die Tasche.

Aber das machte uns beide verlegen, und ich sagte, um es wieder in Ordnung zu bringen: Und wohin gehst du jetzt?

In die Stadt, sagte er.

Dann zieh deine Schuhe an, sagte ich.

Ja, aber das eilt nicht, sagte er. Ich schone sie, bis ich zu Leuten komme.

• • •

Es ist Oktober geworden. Die Zigarren sind mir natürlich vor einiger Zeit ausgegangen, aber das macht nichts, ich habe Tabak in Schachteln, norwegische Ernte, und rauche Pfeife. Eines Tages sehe ich einen der Alten mit einer langen Tabakpflanze ankommen, einem regelrechten Busch, den er irgendwo aufgegabelt hat, er pflückt sorgfältig jedes trockene Blättchen vom Stiel, stopft es in die Pfeife und zündet sie an. Auch das geht, es geht ausgezeichnet, uns andere erheitert es, ihm zuzuschauen. Seit dem Sommer, als ich bessere Schuhe von zu Hause bekam, fehlt es mir an nichts, ich habe eine herrlich dicke Kulturstudie aus Dänemark bekommen, habe mir hier eine Bibel ausgeliehen und ein großes Buch über Neuguinea.

Eines Abends kommt der Doktor und sagt, er wolle mich untersuchen.

Warum?, frage ich.

Die Polizei überlegt, ob Sie vielleicht wieder nach Hause nach Nørholm können.

Soll ich mich ausziehen?

Nein, bewahre, antwortet er, machen Sie nur das Hemd ein bisschen auf.

Er hörte Brust und Rücken ab. Vielleicht ein bisschen hoher Blutdruck, sagte er. Wollen Sie gern nach Hause?

Ich will, was die Polizei will. Ich habe jetzt keinen Willen.

Fertig. Es hatte zehn Minuten gedauert.

Ich maß dieser Untersuchung wenig Bedeutung bei. Die Polizei schien mir unnötig genau zu sein, ich war frisch und gesund, Blutdruck, was war das? Nie davon gehört. Mit mir war alles in Ordnung, ich war nur alt und taub.

Zwei Tage später kam ein Rechtsanwalt mit vielen großen Papieren und wollte eine Vermögensaufstellung vornehmen, wie er sagte. Ich machte die gleichen Angaben wie beim Untersuchungsrichter: Fünfundzwanzigtausend in bar, der Hof Nørholm und 200 Aktien bei Gyldendal.

Aber die Autorenrechte, sagte er und setzte dafür Hunderttausend ein.

Reine Vermutung! Ich sagte: Vielleicht sind sie hunderttausend Kronen wert, vielleicht keine fünf, das weiß niemand, ich bin ein toter Mann. Fragen Sie bei Gyldendal, die haben wenigstens Fachleute.

Er strich die Hunderttausend durch und schrieb dafür Fünfzigtausend.

Schmuck?, glaubte ich zu hören.

Da ich keine Ringe trage, griff ich an meine Weste, um ihm meine Uhr zu geben, aber er schüttelte den Kopf.

Fertig.

• • •

Eine Woche verging. Ich ahnte nichts Böses, bekam Besuch von meiner Tochter und Schwiegertochter aus Nørholm, scherzte und lachte mit ihnen, erzählte Kleinigkeiten aus dem Leben. Meine Angehörigen erzählten mir, ich solle jetzt nach Oslo in »ein hübsches Pensionat«, sie hatten es von Bekannten bei der Polizei. Na dann, nichts dagegen! Ich würde circa zwei Wochen weg sein, hatte die Polizei verlauten lassen. Meine Angehörigen gaben mir je ein Geldpäckchen, das ich für sie aufbewahren sollte, bis ich wiederkam – das machten sie immer so, wenn sie ein paar Schillinge bekommen hatten.

Am nächsten Abend kam die Polizei und brachte mich nach Arendal. Es war Sonntag. Ich kam in einen überfüllten Eisenbahnwaggon und wusste noch immer nichts vom

Zweck meiner Reise – bis mir die Polizei auf recht feine Art eine Ausgabe der *Aftenposten* zuspielte, in der stand, ich solle in die psychiatrische Klinik. Wieder Geheimniskrämerei. Als der Zug in Oslo ankam, hatte ich die ganze Nacht, zwölf Stunden lang, aufrecht gesessen. Und ich war kein junger Mensch. Das Schiff hätte sieben Stunden gebraucht, und ich hätte liegen können.

Am Montagmorgen, den 15. Oktober, wurde ich zwischen zehn und elf Uhr durch drei verschlossene Türen in die psychiatrische Klinik eingeliefert. Und danach wurden die Türen wieder verschlossen.

Ich wurde von einem Schwarm weiß gekleideter Krankenschwestern empfangen, musste alles abliefern, was ich in den Taschen hatte, Schlüssel, Uhr, Notizbuch, Federmesser, Bleistift, Brille, alles. Ich hatte zwei Nadeln am Jackenaufschlag, die nahm man mir weg, der Bezug von meinem Koffer wurde abgenommen, wohl aus Furcht, ich könnte was Gefährliches dahinter versteckt haben. Dann öffneten sie den Koffer und begannen, den Inhalt zu durchwühlen.

Die Frage lautete, ob ich eine Stellungnahme vom Doktor hatte. Hatte mir der Doktor nichts Schriftliches mitgegeben? Nein. Ich bin von der Polizei gebracht worden, ich bin Häftling, Landesverräter, wissen Sie. Die liebenswürdige Oberschwester fragte mich, wie ich in dieses Unglück geraten sei. Das macht nichts, sagte ich. Doch, doch, das sei schlimm für mich, sehr traurig. Ich sagte, ich würde später alles erklären.

Sie führten mich ins Bad. Ich sagte, ich sei hungrig und müde, aber sie sagten, ich solle baden. Als ich mich wieder anziehen wollte, konnte ich meine Krawattennadel nicht finden. Man hatte sie aus dem Schlips gezogen, während ich in der Wanne lag, und niemand hatte was gesagt. Ich legte mich auf den Fußboden und suchte, nein. Ich fragte den Diener, nein. Ich wurde ärgerlich und brüllte, pst, pst, pst! Ich erklärte, es sei eine teure kleine Nadel, eine orientalische Perle, im Unterschied zu den großen Plakaten, mit denen manche Leute herumliefen. Endlich sagt eine Schwester, man habe die Nadel in Verwahrung genommen.

Und endlich bekam ich ein paar winzige Scheiben Brot und begann, darauf zu kauen. Während ich damit beschäftigt war, wurde ich gerufen.

Ich verstand nicht, was sie sagten, und als ich sie bat, es aufzuschreiben, schrieben sie »legen«* auf ein Stück Papier. Was soll das, legen?, fragte ich. Sie schrieben noch einmal »legen« auf eine andere Stelle des Papiers und unterstrichen es. Ach, Sie meinen Lægen, den Doktor? Ja, ja, ja, nickten sie. Ich brauche keinen Doktor, sagte ich. Ich bin nicht krank.

Der Arzt war im ersten Stock, und ich kraxelte hinauf. In meinem erregten Zustand redete ich drauflos, schwatzte, beklagte mich, ich sei erschöpft, man hätte mich mit dem Schiff fahren lassen sollen. Der Stenograf schrieb, der Doktor war geduldig und wollte mir helfen: Dass Sie nicht mit dem Schiff gekommen sind, hat wohl den Grund, dass der Zug viel schneller fährt, sagte er. Schon, aber fünf Stunden später, sagte ich.

Ich fragte nach seinem Namen. Ruud, sagte er. Ich bin sehr müde und muss schlafen, sagte ich.

• • •

Ein kurzes Vorwort.

Eingewiesen also in die Psychiatrische Klinik in Oslo, eine Anstalt für »Nervöse und Gemütskranke«. 1945, vom 15. Oktober an. Meine Tage vergehen damit, dass ich Antworten auf Professor Langfeldts Fragen aufschreibe. Es sind Antworten, die ich in aller Eile formuliere, geschrieben unter den ungünstigsten Umständen, innerhalb der vom Reglement genau zugemessenen Zeit, bei viel zu schlechtem Licht, in zunehmender Depression. Ich meine also, sie sind keine Sammlung von Goldkörnern. Aber es sind *meine* Arbeiten.

Da die Zeit nicht reichte, um Abschriften meiner Antworten anzufertigen, und da der Professor es abgelehnt hat, mir meine Originale auszuleihen, habe ich nichts, was ich in diese Lücke setzen kann.

• • •

Es ist 1946, der 11. Februar.

Ich bin wieder aus der Anstalt raus.

Damit ist nicht gesagt, dass ich frei bin, aber ich kann wieder atmen. Atmen ist tatsächlich auch das Einzige, was ich vorläufig kann. Ich bin sehr herunter. Ich komme aus einer Gesundheitseinrichtung und bin sehr herunter. Ich war gesund, als ich hineinkam.

Auf den Aufenthalt in der psychiatrischen Klinik ist vielleicht später zurückzukommen, die freundlichen Pflegerinnen, die herzensgute Oberschwester, Weihnachten 45, die Patienten, die Freigänge – all das muss jetzt warten. Ich muss mich erholen.

Als Erstes muss ich versuchen, wieder Zuflucht im Altersheim Landvik zu finden. Das geht nicht ohne Weiteres, das Heim hat eine neue Leitung, mein früheres Zimmer ist von einem anderen Alten belegt, das Haus ist voll. Polizeichef Onsrud aus Arendal tat für mich, was er konnte, die Leute im Heim zeigten sich ebenfalls wohlwollend, und ich wurde hineingelassen.

Hier sollte nun meine Genesung beginnen. Aber ich war kein junger Mann, es fiel mir schwer, wieder in das normale Leben zurückzufinden, das vor vier Monaten unterbrochen worden war, die Rekonvaleszenz zog sich über Monate hin. Ich weigerte mich, jemanden zu sehen, Briefe kamen, ich antwortete nicht, ich mochte nicht. Ich machte meine Spaziergänge im Schneematsch, aber danach zitterte ich. Ich nickte oft ein und schlief viel, selbst wenn ich mich mitten am Tag auf einen Stuhl setzte, die Leute hier sagten, es käme von der Erschöpfung.

Ich nahm mich zusammen und brachte es fertig, das Messer zurückzuschicken. Ach, dieses Messer! Ich hatte es mir nicht angeeignet, es hatte sich im Krankenhaus von Grimstad an mich geheftet, dann hatte es vier Monate lang mit meinen anderen Sachen tief unten im Keller der Klinik gelegen. Ich schickte es mit der Post an das Krankenhaus: Bitte sehr, hier ist ein Messer, befreien Sie mich davon, ich kann es nicht mehr sehen, es gehört mir nicht.

Auch sonst versuchte ich, meine Angelegenheiten zu

ordnen, so gut es ging, kreuzte wichtige Tage im Almanach an, machte mich ohne Erlaubnis zum Abonnenten einiger Zeitungen, flickte meine Kleidung. Es ist tiefer Winter, jedoch mit schmelzender Sonne und länger werdenden Tagen, es ist eine Art von Äquator-Zeit: um sieben Uhr Abenddämmerung, und wenn es wieder sieben ist, Morgendämmerung. Darauf kann man sich eine Weile verlassen, bis der Äquator sich verschiebt.

In dieser Zeit hatte ich keine Lust zu lesen. Ich hatte ja die Kulturgeschichte, die Bibel und das Werk über Neuguinea, aber richtige Bücher machten mich schnell müde, und ich las lieber Schund und Zeitungen. Von Zeit zu Zeit fiel mir in der Küche das eine oder andere religiöse Blatt in die Hände, das ich studierte, es waren gut geschriebene und oft gut gedachte Sachen, *Der Evangelist*, der gratis kam, und adventistische Schriften, die von Wanderpredigern gebracht wurden. Letztere waren erlesen gedruckt, ein Fest, darin zu blättern, und eine Erholung für meine geschwächten Augen. Ich musste an meinen Freund aus Kløttran in Nordland denken, er hätte in diese riesengroße adventistische Gesellschaft eintreten können und hätte sich damit in hohem Maße erspart, barfuß zu gehen. Aber er müsse allein gehen, sagte er.

Eines Abends kam die Oberschwester aus dem Grimstader Krankenhaus mit dem Auto. Sie wollte mir was zurückbringen – das Messer!

Ich war noch nicht wieder besonders gut darin, tief nachzudenken, und stand nur da.

Nein, sagte sie, dieses Messer, das Sie mir geschickt haben, es gehört nicht dem Krankenhaus, wir wollen es nicht behalten. Es ist ein schönes Messer, aber es gehört uns nicht.

Mir auch nicht, sagte ich.

Sie müssen bei sich zu Hause nachfragen, sagte sie, es muss doch von Nørholm gekommen sein.

Ich fragte nicht nach, ich mochte nicht.

• • •

Die Tage gehen, die Monate gehen, mit mir geht es nicht viel besser. Einer im Heim stirbt, wir haben hier alte Leute zu versorgen, manche treten also ab, aber dafür kommen andere, auf uns Hinterbliebene hat das keine Wirkung, es muss so sein. Der Schnee ist verschwunden, und es ist Frühling, mit der Zeit bekomme ich mehr Lust zu arbeiten, aber ich habe keine Kraft. Briefe beantworte ich noch immer nicht.

Tabak ist erlaubt, aber der macht es auch nicht besser, nicht die Spur. Was will ich denn, warum bin ich so verquer? Frühling und Sommer und alles, aber mein Gott, was für ein blöder Zustand. Ich spitze zwei neue Bleistifte mit dem Messer an, um für eine sublime Erklärung gerüstet zu sein, aber sie will nicht kommen. Was tue ich jetzt? Ich bin auf den Kopf gestellt worden, das ist es, kann mich selbst nicht ausstehen, habe keine Wünsche, keine Interessen, keine Freuden. Vier oder fünf gute Sinne im Dämmerzustand, und der sechste ist weg.

Das habe ich dem Generalstaatsanwalt zu verdanken.

• • •

Altersheim Landvik, Grimstad, den 23. Juni 1946

An den Herrn Generalstaatsanwalt,
Oslo

Ich bin im Zweifel gewesen, ob ich diesen Brief schreiben soll. Er wird wohl nichts nützen. Eigentlich müsste ich auch anderes zu tun haben, in meinem hohen Alter. Ich entschuldige mich damit, dass ich nicht für den heutigen Tag schreibe, sondern für den Einzelnen, der vielleicht nach uns kommt und liest. Und für unsere Enkelkinder.

Nach ein paar Verlegungen im Sommer vorigen Jahres wurde ich am 15. Oktober in die psychiatrische Klinik in Oslo eingewiesen. Der Grund der Einweisung ist nicht nur mir selbst ein Rätsel. Die offizielle Bezeichnung der Einrichtung lautet »Für Nervöse und Gemütskranke«, aber ich war weder nervös noch gemütskrank. Ich war ein alter Mann und taub, aber frisch und gesund, als ich aus meinem normalen Leben und meiner Arbeit herausgerissen und eingesperrt wurde. Vielleicht wird einmal nach der Grundlage der eigenmächtigen und unvernünftigen Handlungsweise des Herrn Generalstaatsanwalts mir gegenüber gefragt werden. Sie hätten mich holen lassen und einen Augenblick mit mir sprechen können, Sie haben es nicht getan. Sie hätten sich ein ärztliches Gutachten verschaffen können, dass ich eingewiesen werden müsse, Sie haben es nicht getan. Der Amtsarzt hat mich zehn Minuten lang »nur rein körperlich«, wie er sagte, untersucht, hat was von einem »etwas erhöhten Blutdruck« gesagt, vielleicht meine Gehirnblutung erwähnt. Hat Blutdruck eine Einweisung und Untersuchung der Geistesverfassung zur Folge? Sollte eine Gehirnblutung, die in meinem Geist nicht die geringsten Spuren hinterlassen hat, zur Einweisung qualifizieren? Menschen mit Gehirnblutung gibt es viele, Arterienverkalkung ist nichts Seltenes und keine ungewöhnliche Krankheit. Ich kenne einen Mann mit Gehirnblutung, der nicht weniger als zwei Doktortitel hat. Er sagt, die Gehirnblutung habe ihn nicht beeinträchtigt.

Ich muss davon ausgehen, Herr Generalstaatsanwalt, dass mein Name Ihnen unbekannt gewesen ist. Sie hätten aber Aufklärung suchen können, wo sie zu finden war. Irgendjemand hätte Ihnen wohl sagen können, dass ich in der Welt der Psychologie nicht ganz fremd bin und in einem sehr langen Dichterleben mehrere Hundert Gestalten erschaffen habe – innen und außen wie lebendige Menschen, in jedem seelischen Zustand, mit jeder Nuance, in Traum und Handeln. Sie haben diese Aufklärung über mich nicht gesucht, haben mich sozusagen unbesehen einer Anstalt und einem Professor übergeben, der ebenfalls nicht informiert war. Er kam mit seinen Schulbüchern und gelehrten Werken, die er auswendig gelernt hat, in denen er Examen gemacht hat, aber das ist was anderes als der vorliegende Fall. Da Sie nicht informiert waren, Herr Generalstaatsanwalt, hätte mich der Professor sofort wegschicken müssen. Er hätte bei dieser Aufgabe, die ganz außerhalb seiner

Reichweite lag, vielleicht Abstand davon nehmen sollen, mit seiner Sachkenntnis aufzuwarten.

Außerdem – wozu sollte das Ganze dienen? Ging es darum, mich für geisteskrank und damit für meine Handlungen nicht verantwortlich zu erklären? Wollten Sie mir dieses Wohlwollen erzeigen, Herr Generalstaatsanwalt? Dann haben Sie die Rechnung ohne mich gemacht. Ich habe gleich zu Anfang im Untersuchungsgericht am 23. Juni die Verantwortung für das, was ich getan habe, auf mich genommen und diesen Standpunkt seitdem unverkürzt aufrechterhalten. Ich wusste ja, dass sich die Dinge, sobald ich frei sprechen konnte, zu einem Freispruch für mich wenden oder sich einem Freispruch so weit annähern würden, wie ich selbst zu gehen und das Gericht zu akzeptieren wagte. Ich wusste, dass ich unschuldig war, taub und unschuldig, ich hätte mich in einer Examinierung durch den Staatsanwalt wohl behauptet, einfach indem ich einen großen Teil der Wahrheit erzähle.

Diese Situation aber wurde durch die Umstände verschoben, indem man mich monatelang eingesperrt hielt, in Unfreiheit, Unfreiwilligkeit, Zwang, Verboten, Marter, Inquisition. Ich bin mir bewusst, dass sich die Anstalt schöne Atteste verschaffen kann, die was anderes aussagen. Soll sie. Wir haben nicht alle die gleiche Eindrucksempfindlichkeit, gut oder schlecht, wir reagieren verschieden mit unseren Äußerungen. Manche leben, ruhen und arbeiten ruckweise, durch Ausbrüten bringen sie nichts zustande. Wollen sie einen Zipfel von der Gnade des Himmels erhaschen, geht es über Stock und Stein, solange es dauert, im Übrigen liegen sie brach. Ich für mein Teil hätte zehnmal lieber in einem normalen Gefängnis in Ketten gelegen, als mich zwingen zu lassen, unter diesen mehr oder weniger gemütskranken Menschen zu leben.

Aber dort blieb ich.

Ein Gefangener soll nicht geschont werden. Der Professor fragte, und ich antwortete, ich schrieb und schrieb, weil ich taub war, ich gab mir Mühe, auf alles zu antworten. Ich saß im elenden Licht einer verhüllten Kuppel oben an der Decke, es waren die dunkelsten Monate des Jahres, ich spürte, wie meine Sehkraft nach und nach geschwächt wurde, aber ich schrieb, um Sachkenntnis und Wissenschaft an mir nicht scheitern zu lassen. Dann verlangte der Professor, ich solle mich über meine »beiden Ehen« äußern, wie er es nannte. Ich lehnte ab – gleich beim ersten Mal so nachdrücklich, dass ich es für ausreichend hielt. Aber es reichte nicht. Der Professor wiederholte seine ungeheuerliche Frage noch zweimal schriftlich und mündlich und verwies jedes Mal auf »die Behörden«. Ich habe ihm mit keinem Wort geantwortet. Nicht, um mich selbst zu verstecken, sondern um einer Ungeheuerlichkeit vorzubeugen.

Aber der Professor wusste Rat. Er holte die Genehmigung »der Behörden« ein, meine Frau aus Arendal zu einer Examinierung in die Klinik nach Oslo zu transportieren. Das Resultat dieser Séance ist auf den Seiten 132ff. des großen Opus zu lesen, das dem Schwurgericht vorliegt.

Ein Gefangener soll immer noch nicht verschont werden. Mit nichts!

Als ich zu einem bestimmten Zeitpunkt glaubte, es gehe

mit der Sachkenntnis auf ein Ende zu, musste ich für den Professor etwas durchmachen, das er die gerichtspsychiatrische Untersuchung oder Probe nannte. Wie sich zeigte, war sie nichts anderes als das Vorhergehende. In allem und jedem genau das, was wir monatelang in Fragen und Antworten behandelt hatten. Nicht einmal der Ton war ein anderer, kein neuer Ansatz, keine Gradabstufung, kein Unterschied, der bewies, dass wir jetzt in der Tiefe arbeiteten. Nichts. Nur dass es die Zeit hinauszögerte, Wochen und Monate hinauszögerte.

Als ich es das letzte Mal wagte, nach dem Ende Ausschau zu halten, hatte der Professor drei Briefe von mir zugeschickt bekommen, über die ich jetzt Rechenschaft ablegen sollte. Die Briefe waren 50 – fünfzig – Jahre alt und handelten, was mich betraf, von nichts Schlimmem, jedoch von einer sehr üblen Behandlung durch die Polizei, die ich während der Zeit des berüchtigten Mossin erlitten hatte. Nun musste ich schreiben und wieder schreiben, weil ich taub war, die Episode hatte keinerlei Interesse mehr für Lebende oder Tote, sie diente nur dazu, mich noch ein bisschen zu foltern. Nun, ich habe auch das überstanden, aber die letzten Wochen hielt ich mich ausschließlich dadurch aufrecht, dass ich von meinen Reserven zehrte. Als ein Freund mich fand und mich herausholte, war ich wie Gelee.

Und wozu hatte nun das Ganze gedient? Recht und Gerechtigkeit, ein großer Apparat. Ernennung zweier im Voraus bestimmter Psychiater durch den Untersuchungsrichter, Transporte unter Polizeibewachung quer durchs Land, Reklame einschließlich von Besuchen durch Ausländer, denen das eingesperrte Tier vorgeführt wurde, vier Monate, in denen jeder erdenkliche Gemütszustand, in den ich kommen konnte, mit einem gelehrten Etikett versehen wurde – und dann endlich das Urteil: *Ich war nicht geisteskrank und war es nie gewesen, aber meine seelischen Fähigkeiten waren dauerhaft geschwächt.*

Leider, ja. Und gerade durch den Aufenthalt in der psychiatrischen Klinik waren sie sehr geschwächt worden.

Es gab zwei Sachverständige, aber der eine hielt sich fast ganz aus der Sache heraus – oder wurde herausgehalten. Ich habe den Direktor zweimal gesehen, jedes Mal vielleicht eine Viertelstunde, er machte den Eindruck eines offenen Mannes ohne Einbildung, man konnte mit ihm reden. Er beging nur den unerwarteten Fehler, mir ein Referat meines Besuches bei Hitler vor die Nase zu halten, bei dem ich mich antijüdisch geäußert haben soll. Ich habe dieses Referat bis heute nicht gelesen, geschweige denn autorisiert. Ich, ausfällig gegen Juden? Dazu hatte ich zu viele gute Freunde unter ihnen, und sie waren mir gegenüber vornehme Freunde. Ich fordere den Direktor in aller Freundlichkeit auf, meine gesammelte Produktion daraufhin zu durchsuchen, ob er darin einen Ausfall gegen die Juden finden kann.

Wenn ich über und gegen den Professor als den zweiten Sachverständigen geschrieben habe, hatte ich selbstverständlich nicht vor, seine Kapazität an sich in Zweifel zu ziehen. Dafür habe ich gar keine Voraussetzungen. Er wird seine Sache können, das heißt, er kann *seine* Sache. Ich behaupte nur, dass seine Sache mit mir nichts zu tun hatte.

Weder der Mann noch seine Profession waren etwas für mich.

Herr Generalstaatsanwalt! Mit der Publikation des Urteils der Sachverständigen über mich ließen Sie der Öffentlichkeit gleichzeitig eine Erklärung zugehen, Sie würden das gerichtliche Verfahren gegen mich einstellen und keine Anklage erheben.

Entschuldigung, aber hier haben Sie wieder ohne mich gehandelt. Sie haben nicht bedacht, dass ich mit dieser Entscheidung unzufrieden sein könnte, haben vergessen, dass ich im Untersuchungsgericht und auch später immer dafür einstand, was ich getan habe, und dem Urteil entgegensah. Ihr impulsives Eingreifen hat dazu geführt, dass ich zwischen Himmel und Erde schwebte, und trotzdem war meine Sache nicht entschieden. Die Hälfte stand noch aus. Sie haben gedacht, mir sei damit gedient, aber das war nicht der Fall, und ich glaube, manche Leute werden mir recht geben. Bis vor Kurzem war ich nicht irgendwer in Norwegen und der Welt, und es passte mir nicht, den Rest meiner Tage in einer Art Amnestie von Ihren Gnaden ohne Verantwortung für meine Handlungen zu verbringen.

Sie aber, Herr Generalstaatsanwalt, haben mir die Waffe aus der Hand geschlagen.

Vielleicht denken Sie, Sie hätten das jetzt – im Nachhinein – berichtigt durch die Vorladung vor das Schwurgericht. Das berichtigt gar nichts, ich bin aus meiner festen und klaren Stellung hinausgeschoben worden. Was wird nun aus Ihrer »Einstellung des gerichtlichen Verfahrens« und Ihrem »Verzicht auf Anklageerhebung«? Sie lassen Ihre Rechtsanwälte und Beamten in meiner Sache bei jedem Wechsel des Standpunkts Interviews geben, Sie benutzen mich als Versuchskaninchen für Ihre sehr eigentümliche Rechtstechnik. Sie hätten sich an meiner Haltung im Untersuchungsgericht orientieren können, dann hätten Sie es vermieden, sich die Direktiven für Ihr Handeln mehr und mehr von Journalisten und der Presse diktieren lassen zu müssen. Was wollen Sie am Ende mit der vier Monate langen Folter in der Klinik anfangen? Soll ich sie gratis aus Ihrer Hand empfangen? Soll sie eine Vorschussstrafe sein, zusätzlich zu der kommenden?

Hätte man mich in Frieden gelassen, hätte ich die Absicht gehabt, vor dem Geschworenengericht auf Freispruch zu plädieren. Der Gedanke liegt nicht so fern, wie Sie vielleicht glauben. Ich besitze noch einen Rest meiner »dauerhaft geschwächten seelischen Fähigkeiten«, und ich hätte ihn dazu benutzt, zunächst über ein gewisses Material zu sprechen und dann das Gericht aufzufordern, meine Sache mit Gerechtigkeit und nichts als Gerechtigkeit zu betrachten.

Aber ich habe diesen Plan aufgegeben, ich habe den Mut verloren. Selbst im Falle eines guten Ergebnisses vor Gericht kann nichts verhindern, dass die öffentliche Meinung eine halbe Umdrehung fester angezogen wird. Ich wäre wieder Versuchskaninchen.

Hochachtungsvoll

•••

Der Sommer vergeht. Ich spüre keinen größeren Unterschied der Jahreszeiten an mir, sie folgen einander nicht mit den Monaten, die Zeit ist zeitlos und der Sommer entschwindet mir.

Aber hier ist viel passiert. Ich schreibe kein Buch, nicht einmal Tagebuch, bewahre, ich überspringe weite Ebenen in Luftlinie und führe nicht Buch über das, was geschieht. Aber etwas sickert doch aus der Umwelt zu mir herein. Die alte Heimleiterin ist abgereist, und eine neue ist für sie gekommen. Eine der beiden Schönheiten unten im Büro hat uns verlassen, aber eine haben wir noch. Unser altes Altersheim ist uns zu baufällig geworden, und wir haben vor, ein neues zu errichten.

Das sind keine Kleinigkeiten. Ich sehe es uns Alten an, dass es was Ernstes gibt, wovon wir murmeln können, wir sollen Bad, Wäscherei, Krankenhaus, Bäckerei, Hühnerstall, Holzschuppen und alle äußeren Räumlichkeiten für zwanzig, dreißig Personen unter einem Dach bekommen. Von solchen Herrlichkeiten haben wir nichts geahnt, und unsere Fantasie nimmt einen Aufschwung wie seit unserer Jugend nicht mehr. Manche von uns versuchen, das alte Heim in Schutz zu nehmen, wir haben es hier doch gar nicht schlecht gehabt, und außerdem – ist nicht der Sinn der Sache der, dass wir hier sind, um zu sterben? Doch, natürlich. Aber wir werden bis zum letzten Augenblick wirklich alles mitnehmen, was wir kriegen können. Sollen wir nicht mit der Zeit gehen, sollen wir uns nicht modernisieren bis hin zu einem neuen Heim? Kommt nur her, auch auf dem Fallreep kann man sich bestens an neue Bedürfnisse gewöhnen und mit einer Zigarette im Maul sterben.

Gewiss sollen wir sterben. Aber doch nicht jetzt schon, sagt Augustin.

• • •

Ich ziehe los und kaufe mir Schnürsenkel. Sie sind zu lang und reichen dreimal ums Bein, aber ich unternehme nichts dagegen. Ich entdecke den Mann, der auf dem Hügel ein Haus baut. Es ist eine Schande anzusehen, aber er baut sein neues Dach im schiefen Winkel quer durch ein altes, das liegen bleiben soll. Kann es sein, dass ich unten vom Weg aus völlig danebengepeilt habe? Der Mann hat in Amerika auf dem Bau gearbeitet, er wird wohl wissen, was er tut. Aber ich reiße mich nicht zusammen und gehe nicht hin, um zu untersuchen, bei wem von uns beiden der Fehler liegt. Voriges Jahr hätte ich das getan, bevor ich in Doktorhände geriet.

Ich habe lange darüber nachgedacht, ob ich jetzt zum Herbst meine Galoschen reparieren soll. Sie stammen aus dem Ersten Weltkrieg, aber die Sohlen sind noch gut, nur ist die rechte Galosche gerissen und will nicht am Fuß sitzen bleiben. Sie ärgert mich seit Jahren, aber jetzt ist es ganz verrückt, denn ich bin gestolpert und habe sie noch ein bisschen mehr aufgerissen. Ich musste sie also in der Hand nach Hause tragen. Diese Galosche wird mehr und mehr ein Kreuz für mich. Ich nähe sie mit einem guten, starken Wollgarn zusammen, aber das funktioniert nicht, sie reißt an den Stichen ein, und alles wird schlimmer. So gibt es auch darüber nicht mehr zu sagen, aber gut waren sie, die Galoschen, ich bin mit dem Riss in vielen Ländern herumspaziert, und ein berühmtes Mal haben sie mich nach Wien und zu Hitler begleitet. Jetzt würde ich sie möglichst weit wegwerfen, wenn ich beim Gehen nicht diese dicken Sohlen für meine Schuhe brauchte. Eins hängt mit dem anderen zusammen. Und ich habe meine Galosche mit dem einen Schnürsenkel geflickt.

• • •

Eins, zwei, drei, vier – ich sitze hier und mache Notizen und schreibe Kleinigkeiten für mich selbst auf. Sie sind für nichts Besonderes bestimmt, nur alte Gewohnheit. Ich bin leck, behutsame Worte lecken heraus. Ich bin ein Wasserhahn, der tropft, eins, zwei, drei, vier –

Gibt es nicht einen Stern, der Mira heißt? Ich könnte nachschlagen, aber ich habe nichts zum Nachschlagen. Kann mir ja auch egal sein. Mira ist ein Stern, er kommt, leuchtet ein wenig und verschwindet. Das ist der ganze Lebenslauf. Und du, Mensch, hier denke ich an dich. Von allem Lebendigen in der Welt wirst du zu fast nichts geboren. Du bist weder gut noch schlecht, du bist entstanden ohne gedachtes Ziel. Du kommst aus dem Nebel und gehst wieder in den Nebel zurück, so herzlich unvollkommen bist du. Und, Mensch, setzt du dich auf ein seltenes Pferd, gibt es nichts mehr, was dieses Pferd selten macht. Stetig jetzt, Tag und Weg, langsam –

Springst du ab und ziehst den Hut bis zur Erde vor zwei Augen, denen du begegnest? Dafür bist du nicht lebendig genug.

Gerade jetzt wirbelt ein neues und hoffnungsvolles Geschlecht aus dem Untergrund herauf. Es ist eben erst geboren und unschuldig, ich lese davon, kenne aber keinen Namen, es kann auch egal sein. Sie sind alle miteinander Wanderlichter, kommen, schimmern ein bisschen und verschwinden. Kommen und gehen, wie ich kam und ging.

• • •

Ich hatte mal einen Onkel auf Hamarøy, einen Junggesellen, absolut unverheiratet, er war geizig und böse, sehr schweigsam, ein sogenannter guter Kopf und wohlhabender Mann. Er war kein Stern, aber er besaß ein Haus auf dem Pfarrhof und war Posthalter für den ganzen Distrikt – damals gab es ja nicht in jedem zehnten Haus ein Postamt. Mein Onkel war auf seine Art ein sonderbarer Kerl, er hatte von den Gebäuden des Pfarrhofs ein großes Haus mit dazugehörigem Speicher gekauft. Wie er das geschafft hatte, weiß ich nicht, aber der Pastor, mit dem er notwendigerweise verhandelt haben musste, hieß Bent Fredrik Hansen und ging später nach Ørland. Nach ihm kam Fredrik Motzfeldt Raum Fladmark zu uns nach Hamarøy, der später nach Nordre Odalen ging. Der Letzte war Christian Engebret Nicolaisen, von dem ich nicht weiß, was aus ihm geworden ist, denn ich reiste fort und verlor ihn aus den Augen. Aber die ganze Zeit wohnte mein

Onkel in seinem großen Haus mit dazugehörigem Speicher, vom Pfarrhof abgekauft.

Er hatte außer der Post auch die öffentliche Bücherei unter sich, die er im Übrigen vor dem schlimmsten Verfall bewahrte. Er trieb ein bisschen Handel und Wandel ohne Gewerbeschein, bekam aus dem Süden Bücher zum Verkauf und bestellte auch selbst nach eigenem Gutdünken für die Bibliothek. Dabei fragte er niemanden um Erlaubnis. Seine Haushälterin hieß Sissel, vielleicht war sie ein guter Mensch, aber sie ließ mich jahrelang hungern.

Mein Onkel war zu meiner Zeit kein alter Mann, aber seine Hände begannen lahm zu werden, und er konnte nicht schreiben. Ich war acht Jahre alt, als ich zu ihm kam, und wurde darauf abgerichtet, alles für ihn zu schreiben. Das geschah mithilfe schlimmer Züchtigungen. Er selbst lag den ganzen Tag auf einer sogenannten Schlafbank und wurde immer lahmer.

All das ist gleichgültig.

Aber eines Tages, ich mochte etwa neun Jahre alt sein, kam ein sehr dunkler, großer Mann in die Post, ein richtiger Riese. Ich sah ihn erstaunt an. Er gab mir einen Brief und ein Vierschillingstück für die Briefmarke.

Mein Onkel fing ein Gespräch mit ihm an, er hieß Hans Paulsen Torpelvand und wohnte eigentlich im Nachbardistrikt Tysfjord, kam aber zu uns in die Post, weil sie näher war.

Unterwegs und auf Reisen?, sagt mein Onkel.

Ja. Mit einem kleinen Brief an meinen Sohn in Kristiania.

Ich habe von ihm gelesen, sagte mein Onkel.

Ach, sagte der Vater. Ja, das habe ich auch, aber ich verstehe so wenig davon.

Das mag wohl sein.

Und seine Mutter sähe am liebsten, er käme als ausgelernter Pastor wieder. Aber das wird wohl nichts.

Mein Onkel auf der Schlafbank antwortete: Er ist mehr als ein ausgelernter Pastor!

Ich weiß nicht, woher mein Onkel diese Antwort hatte, vermutlich aus Zeitungen und Büchern, in denen er schnüffelte. Aber der hoffnungsvolle Sohn in Kristiania, wer war das? Paul Botten-Hansen. Kein Geringerer. Er war einer der Besten im damaligen Norwegen.

Auch mein Vater hatte einmal einen hoffnungsvollen Sohn.

Und so viel Hoffnungsvolles braucht nicht wenig Pflege und Hege. Aber wir, die wir enttäuscht haben, sollten nicht tragisch werden. Das ist das Ganze nicht wert.

• • •

Ganz unten im ungepflegten Garten des Nachbarhauses steht eine kleine Tanne, was geht sie mich an? Deshalb sehe ich kaum einmal hin. Natürlich leidet sie und wird gewiss sterben müssen. Sie ist so hübsch und klein, einen Meter hoch und gerade wie eine Kerze, aber da steht eine große Pappel und beschattet sie und wischt ihr Tag und Nacht mit ihrem Laub über die Spitze und lässt ihr keinen Augenblick Ruhe. Stünde sie nicht an meinem Weg, aber es gibt keinen anderen Weg, und wäre sie nicht so hilflos – aber das berührt mich nicht. Da ich nichts mit ihr zu tun habe, mache ich an dunklen Herbstabenden nur einen kleinen Umweg zu ihr und schneide Laub und Zweige ab, damit sie in der Nacht Ruhe hat. Aber manchen Morgen sind neues Laub und neue Zweige da, und ich reiche nicht hoch genug hinauf. Ich habe mir einen Kasten gesucht, auf den ich mich stellen kann, aber in allen Fenstern ist Licht und ein Hund bellt. Warum nicht bei vollem Tageslicht hingehen und Laub und Zweige ein für alle Mal abschneiden? Das hätte ich voriges Jahr tun können. Aber da war ich nicht hier, da war ich zwangseingewiesen.

Das Ganze ist so dumm.

Ich passe den Nachbarn ab und grüße und sage: Jetzt müssen Sie aber die Pappel beschneiden und diese kleine Tanne retten! Er antwortet nicht, er hat wohl in der Zeitung gelesen, dass man mich auf meinen Geisteszustand untersucht hat. Die kleine Tanne tut mir leid, sage ich. Da lächelt der Mann schief zu einem offenen Fenster des Hauses hinauf und lässt mich stehen.

In meiner Muße vertreibe ich mir die Zeit noch an ein paar Herbstabenden und schneide Laub und Zweige ab, aber ich reiche nicht hinauf, und der Wind wedelt mit neuem Laub und neuen Zweigen. Es ist hoffnungslos.

Aber eines Morgens steht ein Mann mit Axt und Säge da und beschneidet die Pappel von oben bis unten. Das geht mich nichts an, aber er scheint dazu beauftragt zu sein, er beschneidet auch gleich andere große Laubbäume. Seine Sache.

Hat vor ein paar Tagen vielleicht jemand hinter dem Fenster gesessen und meine Unterhaltung mit dem Nachbarn mit angehört und sein schiefes Lächeln gesehen? Ich tippe auf die Frau.

Trotz alledem, es wird sich erst im Frühjahr zeigen, ob die Spitze der kleinen Tanne noch lebt. Eine lange Wartezeit.

• • •

Jemand ruft mich, ich höre es –

Aber es ist nicht wahr, nur Einbildung. Ich will mich vor mir selbst interessant machen. Es war ein Versäumnis, den Psychiatern diesen kleinen Bären nicht aufzubinden, sie hätten mir einen schönen Namen dafür gegeben. Ich sitze hier frisch und gesund und führe mich mit Absicht selbst hinters Licht. Das muss doch zumindest Schizophrenie sein.

Dass jemand mich ruft, ist eine reine Posse, und dass ich selbst darauf verfalle, ist ein starkes Stück, von einem anderen hätte ich es mir nicht gefallen lassen. Niemand hat mich gerufen, aber ich tue so als ob.

Warum das? Die Gedanken fliegen so weit. Ich tue es übungshalber, versuche, nach der Depression in der psychiatrischen Klinik wieder in Ordnung zu kommen. Die Depression hat sich im Lauf der Monate ein wenig gelegt, aber ganz will sie mich nicht loslassen. Ich war schon zu alt, als das Experiment gegen mich begann, es wird dauern, bis ich darüber hinweg bin. Ich muss auf meinen Menschenverstand und meine allgemeine Gesundheit hoffen.

Ist es denn ganz aus der Luft gegriffen, dass mich jemand gerufen hat? Es lässt sich auf ein paar Fragen von Professor Langfeldt zurückführen: Ob ich jemals was Seltsames erlebt hätte, etwas sogenanntes Übernatürliches? Ich begann einfältig, ein sehr tiefes und feines Kindheitserlebnis zu rekonstruieren, doch es gelang mir nicht, und auf ihn war jede Mühe verschwendet, er verstand nichts. Aber haben Sie nichts *gehört*?, fragte er. Ich antwortete nicht. Mochte nicht.

Es ist sicher die Erinnerung an diese Séance, auf die dieses Rufen zurückzuführen ist. Was Tieferes weiß ich darüber nicht zu sagen.

Aber endlich habe ich hier auf Erden Klarheit über das Messer gefunden. Das ist doch was. Sie kam unerwartet und war mir willkommen. Ach, wir Bedürfnismenschen, wir sehen nicht viel, kommen auf nichts, ahnen wenig. Ich hätte es von selbst sehen müssen, aber das tat ich nicht.

Als Stevenson auf seiner Südseeinsel saß und schrieb, hörte er eine göttliche Stimme in sich. Er fragte nicht, schlug nicht in Büchern nach, er war das Genie im Ausbruch, er hatte Offenbarungen. Er war krank, schrieb sich aber gesund in himmlischem Wahn. Er las von uns Menschen im Zeitalter des Betons und starb am Schlag.

Doch, das Messer gehört mir, ich habe es vor langer Zeit von Postmeister Erik Frydenlund in Aurdal geschickt bekommen. Nur schade, dass ich dieses gute Messer nicht hatte, als ich an den dunklen Herbstabenden draußen war und Laub und Zweige schnitt.

Aber wie war das Messer ungesehen zu mir ins Grimstader Krankenhaus gekommen? Eine sehr einfache Geschichte: Der kleine Esben war ja mit auf Besuch, und das große, schöne Messer hatte es ihm so sehr angetan, dass seine Mutter es unten im Holzkasten verstecken musste. Gut. Aber dann vergaß sie natürlich, mir Bescheid zu sagen, als sie wieder nach Hause fuhr.

Wo ich schon diese Geschichte von dem Messer aufschreibe, ist es am besten, wenn ich noch was anderes erwähne: Ich habe neue Galoschen bekommen. Die Leute zu Hause kleiden mich ein, wahrscheinlich haben sie gesammelt und ihre Kronen und Öre zusammengelegt.

Aber ich brauche keine neuen Galoschen, ich habe die alten mit den dicken Sohlen geflickt und trage sie jetzt seit vielen Monaten. Wozu hätte ich sonst meine viel zu langen Schnürsenkel verwenden sollen, wenn nicht zum Zurren? Und das Gute ist, dass sie dazu geeignet sind, man sieht nicht, dass es ein Zurring ist.

Ich habe nicht vor, die neuen Galoschen in Gebrauch zu nehmen.

• • •

Wenn nur der Winter vorbei wäre. Wenn um Himmels willen nur erst der Winter vorbei wäre!

Meine Sehkraft ist ein wenig geschwächt. Ich bin es nicht gewohnt, nicht gut zu sehen, und anfangs wollte ich es nicht glauben, ich dachte, ich hätte ein Staubkorn ins Auge bekommen. Ich habe eine ausgezeichnete Brille, mit der ich vor ein paar Monaten gut gesehen habe, taugt sie jetzt nichts mehr?

Ich fahre für teures Geld mit dem Auto zum Augenarzt. Hören Sie, ich kann nicht scharf sehen, kann nicht mehr lesen wie früher, keine Nadel einfädeln, so was kommt doch selten vor, stimmt was mit beiden Augen gleichzeitig nicht? Darauf wird nicht viel geantwortet, er dreht an Knöpfen für weiße Linien und an Knöpfen für rote Linien und für Buchstaben und Zahlen. Das linke Auge ist nicht ganz gut, sage ich zur Orientierung. Darauf antwortet er nicht. Das ärgert mich, und ich bleibe dabei: Doch, wenn ich das linke Auge zuhalte, kann ich immer noch große und deutliche Schrift lesen. Aber wenn ich die Gegenprobe mache und das rechte Auge zuhalte, sehe ich nur einen großen schwarzen Fleck. Hm, sagt er. Das ärgert mich noch mehr, und ich stelle fest, dass folglich etwas mit dem linken Auge nicht stimmt! Ich kann Ihnen gern eine Prismenbrille geben, sagt er schließlich. Natürlich, ich brauche eine Prismenbrille, sage ich, es gibt ja auch was, das sich Prismenfernglas nennt, damit sieht man ungeheuer gut. Mehr, glaube ich, machen wir nicht mit Ihnen, sagt er und verbeugt sich.

So was! Ich fahre mit dem Auto wieder nach Hause, ziemlich verzweifelt über den Augenarzt, und glaube ihm nicht, glaube ihm kein Wort.

Nun verfalle ich auf den Ausweg, nach Oslo zu fahren. Weihnachten steht bevor, ich muss mich beeilen. Da ich nicht zwölf Stunden lang aufrecht sitzen und mit dem Zug fahren kann, lasse ich mir genau den Tag aufschreiben, an dem ich das Schiff nehmen kann, und los geht's. Es geht gut, alle helfen mir, an Bord bin ich im Übrigen in meinem Element, ein Mann in den besten Jahren. Alles ist vorbereitet, ich bin in Oslo, gehe zum Hotel, bekomme zu essen, rasiere mich und mache mich auf den Weg zum Augenarzt.

Hier beginnt nun eine kleine Anstrengung. Es ist ein grauer Tag, Regen, die Straßen sind schrecklich, und ich sehe nicht. Ich steige in den vierten Stock eines Hauses und wieder hinab. Jetzt habe ich den Verdacht, mich verlaufen zu haben, und sehe mir die Hausnummern an. Plötzlich grüßt mich ein Herr, er ist in Begleitung einer jungen Dame. Kann ich Ihnen behilflich sein?, sagt er. Nein, danke, ich halte nur Ausschau nach einem Augenarzt, antworte ich. Dort!, sagt er und zeigt. Die Dame lächelt. Wieso machen Sie sich bei diesem hässlichen Wetter die Mühe, einem Fremden den Weg zu zeigen?, frage ich. Die Dame lächelt noch mehr. Ich habe Sie erkannt, sagt er. Ich bedanke mich vielmals und begebe mich in das Haus. Bin ich hier nicht schon einmal bis in den vierten Stock gestiegen? Jetzt kämme ich jede Etage und alle Namen durch und finde den Arzt. Im Wartezimmer sind drei vor mir.

Aus alter Gewohnheit will ich in Zeitungen und Zeitschriften blättern, aber ich kann nicht viel sehen. Ich muss warten. Die Patienten gehen raus und kommen wieder rein, der Reihe nach, eine Krankenschwester kommt und tröstet mich, ich müsse ein bisschen warten, aber es werde nicht lange dauern.

Und nun bin ich sehr ruhig, bald werde ich wohl wieder im Besitz meiner Sehkraft sein. Es war doch zu freundlich von dem Herrn und der Dame, sich im Regenwetter die Zeit zu nehmen und mir zu helfen. Eine Patientin spricht mich an, aber ich bin taub und nicke aufs Geratewohl. Sie redet weiter, und ich zeige auf meine Ohren, ich höre so elend schlecht in letzter Zeit, aber die Sehkraft ist fast in Ordnung, nur ein bisschen Staub im linken Auge. Ich bin guter Laune und rede drauflos. Schließlich komme ich der Dame mit meinen verschiedenen Sinnen wohl verdächtig vor, und sie lässt mich in Ruhe. Es dauert lange, bis ich hineingerufen werde. Die Dame hat inzwischen was auf eine Zeitung geschrieben und zeigt es mir, sie dankt mir für ein paar Bücher oder so was –

Beim Arzt probieren wir dies und das aus, aber er ist nett und lässt mich keine roten Linien und Buchstaben durchgehen. Wir experimentieren mit Gläsern und Lupen, ich musste wieder ins Wartezimmer zurück, aber nun war die fremde Dame an der Reihe, und ich sah sie nicht mehr.

Das Übrige ging schnell. Er würde mir vorschlagen zu diktieren. Diktieren? Das kann ich nicht, habe es nie gekonnt. Und warum soll ich diktieren? Ich schreibe ja nicht mehr, habe vor vielen Jahren aufgehört. Dagegen wäre es schön, wieder sehen und ein wenig lesen zu können und so was. Ja, doch. Er telefonierte mit dem Optiker und verabredete was für den Januar, ich müsse warten. Aber können Sie mir nicht gleich eine Brille geben, Herr Doktor?, fragte ich. Darf ich mal Ihre Brille sehen? Die müsste doch gut sein, sagte er. Oh, großartig, sagte ich, bis vor ein paar Monaten habe ich damit ganz wie in meiner Jugend gesehen, aber jetzt brauche ich wohl eine andere, etwas stärker vielleicht, oder? Er schrieb ein Rezept, ich warf kaum einen Blick darauf, aber es sollte im Januar geliefert werden. Eine Brille bekam ich nicht, dagegen etwas Merkwürdiges, um das ich nicht gebeten hatte: Rezept auf eine Handlupe und eine Flasche Jod! Ich bräuchte nur in die Apotheke zu gehen und mir das Jod gleich geben zu lassen, sagte er. Als ich bezahlen wollte, winkte er mich mit der Hand weg und wandte sich wieder seinem Tisch zu.

Ich kam also zum Hotel zurück mit einer Flasche Jod und einem Rezept auf eine Handlupe, die im Januar beim Optiker zu bekommen war. Für meine Sehkraft bekam ich nichts.

Komische Leute, diese Augenärzte. Ich habe einen schlechten Eindruck von ihnen bekommen.

Aber sonst war der Aufenthalt in Oslo nur Vergnügen und Freude, das herrlichste Weihnachten, das ich in einem Hotel erlebt habe. Ich machte Spaziergänge, besuchte Kinder und Enkelkinder, war in Ausstellungen, trabte aufgeräumt umher und sah mir nach all den Jahren wieder einmal die Stadt Oslo an. Vieles war mir fremd, Busverkehr, all die Restaurants, eine ganz unbekannte Jugend, Tag und Nacht auf den Beinen. Auf meinen Ausflügen waren alle hilfsbereit und höflich, sie boten mir ihren Platz an oder ihre Zeitung, und wenn sie verstanden, dass ich aussteigen wollte, wollten sie mir die Tür öffnen, aber ich war Straßenbahnschaffner in Chicago gewesen und kam selbst zurecht. Überhaupt konnte ich nicht bemerken, dass man mir gegenüber weniger freundlich war als früher, obwohl ich ja immer noch Gefangener war. Eine junge Dame hielt mich mitten auf der Karl Johansgate an, sagte was, lachte und warf sich mir an den Hals. Ich erinnere mich, dass sie braune Augen hatte.

Ein Herr, der einen Rucksack trug, sah mich an und sagte: Gehen Sie ohne Galoschen in diesem Matsch? Kommen Sie, ich hole Ihnen welche! Er zog an mir und wollte, dass ich mitkam. Als er mir lästig wurde, dankte ich ihm und verzog mich ins Hotel.

Aber jetzt an den Feiertagen gab es viel Durcheinander mit den Schiffen, ich musste warten, weil einige nicht kamen und andere die Fahrt eingestellt hatten. Erst nach zehn Tagen war ich wieder im Altersheim.

• • •

In meinen Sachen herrscht eine schändliche Unordnung, ich habe Briefe nicht beantwortet, habe mich nicht für Blumen oder kleine Geschenke mit Karte und Gruß bedankt. Schon zum zweiten Mal habe ich es versäumt, meinem guten Verleger in Barcelona zu danken, der nie vergisst, zum Jahreswechsel zu telegrafieren und Glück zu wünschen. Ein Haufen Briefe aus dem Ausland liegt zuunterst in meinem Koffer, die meisten immer noch vom vorigen Jahr. Sie wissen nicht, dass ich eingesperrt bin, können sich nicht vorstellen, dass sich beim »Systemwechsel« kein Plätzchen für mich gefunden hat. Aber das kann ich.

Die Tage vergehen.

Ich verstehe immer noch nicht ganz, was in der Welt geschieht, lese die Zeitungen und studiere die Telegramme, aber ich bin darin nicht gut genug, ich muss mich noch mehr erholen. Die Reise nach Oslo hat mir gutgetan, auch wenn ich keine Hilfe für meine Augen fand. Ein Haustier wird angepflockt, ohne Strenge und mit viel Spielraum, und bleibt sich selbst überlassen. Gut, da ist der Strick. Aber ich muss doch dankbar sein für die öffentliche Toleranz, die mir diese Reise ermöglicht hat, es wäre schlimmer gewesen, wenn nichts daraus geworden wäre. Es ist ja viel passiert. In den Augen der Dame, die mich auf der Karl Johansgate umarmte, war ich nicht gerade ein Prachtexemplar von Greis. Nein. Und ich war nicht zerlumpt, sondern trug einen schönen Mantel, als der Herr mir Galoschen schenken wollte. Und außer diesen beiden unzählige andere, die mir Freundlichkeit erwiesen. Ich werde von den Menschen weder gehasst noch gering geschätzt. Und das ist gut. Im Übrigen wäre es mir auch gleichgültig gewesen. Ich bin so alt.

• • •

Zu den Dingen, die ich nicht recht verstehe, gehört, dass die Zeitungsschreiber sich und die Allgemeinheit nach wie vor für meinen »Fall« interessieren und dafür, warum der Prozess weiterhin aufgeschoben wird.

Vorigen Sommer wurde er nicht weniger als dreimal auf einen neuen Termin verschoben. Und es änderte nichts, dass ich am 16. Mai 46 feierlich vor das Schwurgericht geladen wurde, wie die Polizei in Grimstad in aller Feierlichkeit verkündete. Es änderte nichts: Der Prozess wurde nur auf den Herbst, auf September, verschoben! Das war immerhin ein tüchtiger Sprung. Aber Verzeihung, dann wurde der Prozess von September 46 auf März 47 verschoben. Das war nun Komödie und Seiltänzerei. Ich höre auf, das zu notieren.

Hatte ich nicht alles mühsam verfolgt und mich auf dem Laufenden gehalten? Aber ich sah nur Unruhe und Wechsel, wohin ich mich auch wandte. Erst trat der Generalstaatsanwalt ab. Dann hörte unser Gerichtspräsident auf und übernahm wieder sein Landrichteramt. Dann verließ uns eines Tages unser Staatsanwalt und wurde Richter im Nachbarbezirk. Mir wurde jedes Mal mitgeteilt, mein Prozess sei fertig. Er kam nur nicht vor Gericht.

Ich überlege und versuche herauszufinden, ob diese »Verschiebungen« einen rechtstechnischen Vorteil bringen. Wäre es möglich, dass man auf mein Alter spekuliert und darauf wartet, dass ich von selbst sterbe? Aber dann bliebe der Fall ja auf ewig unentschieden, und was wäre dann gewonnen? Wäre es nicht ebenso schlau, etwas gegen mich zu unternehmen, solange ich noch am Leben bin? Außerdem soll es kaum was Ermüdenderes und Endloseres geben, als auf den Tod eines anderen zu warten. Gewisse Erben können ein Lied davon singen.

Boganis erzählt von einem Hund, der die Spur verloren hat und die Witterung genau in dem Moment wiederfindet, als er über einen Graben setzt – und dann auf der anderen Seite die Spur einfach wieder aufnimmt. Tatsächlich, er nimmt sie einfach wieder auf.

Eine Fortsetzung: Meine letzte Verschiebung galt bis zum März 47, nicht wahr? Jetzt haben wir März 47, wir haben sogar April, und heute lese ich, dass ich bis »irgendwann im Sommer« verschoben bin. Davon mache ich kein Aufhebens, nicke nur, ich kenne das Phänomen. Auf 47 folgt 48. Das Haustier ist angepflockt.

Gut möglich, dass es von jetzt an praktischer ist, mich immer gleich um halbe und ganze Jahre zu verschieben. Denn wie will man sonst mit der Zählebigkeit all meiner kommenden Jahre fertigwerden? Ärgerlich, wenn man so hingehalten wird.

Jetzt soll es am Obersten Gericht liegen, das Oberste Gericht sei noch nicht fertig mit meinem Fall. Gut, wenn man was Unerschütterliches hat, dem man die Schuld geben kann.

• • •

Ist es nicht so, dass das Dasein für uns Menschen vor langer, langer Zeit fröhlicher war als jetzt? Vielleicht weiß ich, dass es falsch gefragt und schlecht geschrieben ist, aber ich tue es absichtlich, es bewegt was in mir, was immer es ist, vielleicht Nachsicht mit meinen eigenen Mängeln. Eine beabsichtigte Hilflosigkeit, eine Beeinflussung durch die Bibel.

Mir fällt ein Wort von Bunyan ein: Hier war ich gelandet und war doch durch viele Landschaften gegangen! Da endet auch schon meine ganze Erinnerung an Bunyan. Aber in mir blieb eine süße Nachsicht mit diesem Ausdruck. Ein Glückstreffer an Mangelhaftigkeit.

Ein Lappe kam aus den Bergen herunter und sah grüne Wiesen und Wald, er machte einen Juoik daraus und sagte: Das ist so schön, dass ich lachen muss! Das war im Lied gesagt, es war mehr als ein Lied. Sela!, sagt David. Ich weiß nicht, was Sela bedeutet, aber David sagt es. Das ist schön.

Gesegnet sei alles, was nicht nur gewöhnliche Menschenrede ist, die wir verstehen müssen. Auch auf dem Schweigen liegt Segen.

Während des Krieges konnte ich manchmal an den anderen bemerken, dass geschossen wurde. Aber ich hörte keine Kanonen, vielleicht, weil es zu weit weg war. Meine Taubheit war mir von Nutzen, aber nur, solange es sich nicht um Pistolen und Büchsenschüsse handelte, dann half sie mir ehrlich gesagt einen Dreck. Kurzes Knallen höre ich auch jetzt, sogar leises Pochen mit dem Finger an der Tür, aber ich bin taub und höre und verstehe keine zusammenhängende menschliche Rede. Für mich ist das nur ein fortlaufendes Surren. Inzwischen haben alle so lange mit mir geschwiegen, dass ich selbst vergessen habe zu reden, ich war allein, habe früher gut gesehen, aber nicht gehört. Habe mich dem Standpunkt gewisser Orientalen angenähert: der Notwendigkeit des Schweigens. Ich rede nicht mal mit mir selbst, aus Mangel an schlechter Gewohnheit.

Aber ich sehe nicht mehr wie früher, das ist schlimmer als die Taubheit. Im Januar sollte ich doch eine Handlupe bekommen, aber inzwischen ist Frühjahr, und ich habe sie nicht.

Aber Gott sei Dank, es ist jedenfalls Frühjahr!

Ich gehe an der kleinen Tanne vorbei, die dort im Schnee steht und da ist. Gehe vorüber und bleibe auch vor den Fenstern nicht stehen, keinen Moment, und sage zu mir: Nein, nein, an der Tanne ist noch längst nichts zu erkennen, geh nur vorbei! Aber natürlich sah man schon im März, dass die Spitze lebt.

In dreißig Jahren ist es eine große Tanne, Bauholz.

Hier sind so wenig Vögel. Der Winter war hart, viele sind wohl umgekommen, vor den Häusern des Altersheims flattert nur hier und da eine magere Krähe oder Elster herum. Eines Tages glaubte ich, einen verspäteten Frühlingsboten zu sehen, aber da ich nicht gut genug sehe, konnte ich nicht erkennen, ob es ein Star oder eine Drossel war, die überwintert hatte. Hier setzte sie jedenfalls ihr Leben aufs Spiel, denn hier gibt es vier große Katzen.

• • •

Auf meinen täglichen Ausflügen durch den Schneematsch begegne ich manchmal einem kleinen gelben Hund, der mit sich reden und sich streicheln lässt, sonst ist auf dem ganzen Weg nichts Lebendiges zu sehen. Es passt mir gut, mit mir allein zu sein und nicht nachfragen zu müssen, was die Leute zu mir sagen. Jetzt schmilzt ja auch der Schnee auf den Randsteinen mehr und mehr, ich erkenne sie also wieder, die Sonne ist schön warm geworden, und so mancher kleine Waldweg kommt schon zum Vorschein. Ich denke an Martin aus Kløttran auf Hamarøy, es ist ein Jahr oder anderthalb Jahre her, dass er zu mir hierher in den Wald kam, auch er musste allein gehen, aber er hatte ein Anliegen, das habe ich nicht. Er zog durchs Land und betete zu Gott.

Ein Zweig bewegt sich, ein kleiner Vogel sitzt darauf. Ich bleibe sofort stehen. Auf einem anderen Zweig eines anderen Baums sitzt ein zweiter Vogel, sie scheinen zusammenzugehören, ein Sperlingspaar, das aufeinander zuflog, sich begegnete, fünfmal direkt vor meinem Gesicht, und sich wieder trennte. Es geschieht in der Luft, sie zittern eine Sekunde lang zusammen und trennen sich und begegnen sich erneut, fünfmal. Danach sehen sie aus, als hätten sie es nicht getan. Besonders das Männchen war dreist und schien ihr allein die Schuld geben zu wollen. Ich schrie nicht auf, nein, keineswegs, hielt ihm aber in gerechtem Zorn vor, er sei eine niedrige und unritterliche Seele, sie seien beide gleich beteiligt gewesen. Kurz darauf flog das Weibchen davon, und das kam dem Männchen zupass!

Ich weiß nicht, was Franziskus dazu sagt.

Ach, das unendlich Kleine im unendlich Großen in dieser wundervollen Welt. Ich freue mich, wieder zu leben. Der Ausflug nach Oslo hat mir gutgetan.

• • •

Was ist das Frühlingsgefühl, dieser Wachstumsgeschmack, der Jahr für Jahr wieder in uns rumort? Gott weiß es. Ein weiblicher Missionar in der Fremde würde es vielleicht die Stimme aus der Heimat nennen, um die Angelegenheit ein bisschen religiös und jenseitig erscheinen zu lassen, ich dagegen erfinde es selbst und meine es buchstäblich: Es hat was mit Heim und Heimat zu tun. Wir wollen wieder zurück, wir wollen heim. In der Fremde haben wir kein Frühlingsgefühl, dort spüren wir nur ein Nicken in uns, weiter zu einem neuen Ort. Ein Nicken ohne Herz.

Eine Erinnerung an Helsingfors im Jahr 1898 oder 99. Die ist aber fast fünfzig Jahre alt und nicht mehr zuverlässig, Namen sind mir entglitten, die Reihenfolge kann sich verschoben haben.

Zwei Männer standen im Buchladen, als ich reinkam, der eine ein barhäuptiger Bursche mittleren Alters mit weißem Hemd, das über die Hose hing, und hohen Schaftstiefeln, der andere ein jüngerer Mann mit einer Maurerkelle in der Hand. Hinter dem Ladentisch war niemand.

Kommt gleich, sagte der Erste zu mir. Das Fräulein ist gerade oben und holt ein Buch für mich.

Ich suchte mir einen Stuhl und setzte mich hin.

Ich bin Russe, sagte der Mann.

Das ist doch nichts zum Prahlen!, höhnte der Mann mit der Maurerkelle.

Ich bin aus Norwegen, sagte ich.

Der Russe interessiert: Ach, aus Norwegen. Werden Sie länger bleiben?

Ja, ein Jahr.

Aus welchem Land man kommt, ist egal, sagte der Maurer. Ich bin aus Finnland, aus der Welt. Seine Worte wurden nicht beachtet.

Der Russe kam zu mir: Ich sehe Sie hier zum ersten Mal, wo wohnen Sie?

Nicht in der Stadt, sondern weit draußen, am Føllisøveg.

Ich muss hier in der Stadt bleiben und warten, aber ich fühle mich hier nicht wohl.

Der Russe redete drauflos, er war mit seiner Herrschaft hergekommen, die weitergereist war, wohin, wusste er nicht, ins Ausland, weit weg. Er war des Wartens müde, fühlte sich nicht wohl, wollte wieder nach Hause. Warum er Schwedisch sprach, wenn er doch Russe war? Das hatte er als Kind und in seiner Jugend gelernt, seine Eltern waren Finnlandschweden, sie waren tot, aber er selbst war in Russland geboren und war Russe.

Schämst du dich nicht, sagte der Maurer. Aber er wurde nicht beachtet.

Ich dachte bei mir selbst, dieser Russe müsse dann wohl in der Gefangenschaft in einem fernen Gouvernement weit im Norden geboren sein, aber ich verstand nicht, warum er jetzt hier war, und wollte nicht fragen.

Er redete weiter, von einem Haus, das er habe, einem schönen rot gestrichenen Haus, von vielen Bäumen und einem Wald und einem kleinen Bach, der vorüberfloss. Ja, mein Gott! Und Frau und Kinder warteten auf ihn, er arbeitete für den Grafen auf dem Gut, oh, einem großen Gut, viele Meilen groß, mit Hunderten von Bediensteten.

Das Fräulein kam aus dem oberen Stock und brachte ihm sein Buch, der Mann riss es an sich, bekreuzigte sich und steckte es in die Tasche. Ich erwarte Geld, sagte er zu der Dame, viel Geld, ich bezahle Sie bald. Dieser Herr ist aus Norwegen, sagte er über mich.

Die Dame lächelte.

Er will ein Jahr bleiben, aber ich fühle mich hier nicht wohl und will nach Hause.

Die Dame sah mich an: Sie wünschen?

Ein kleines russisch-schwedisches Wörterbuch.

Der Russe zog sein Buch wieder aus der Tasche, bekreuzigte sich und blätterte darin. Auf dem Umschlag war eine Ikone.

Was ist das für ein Buch?, fragte der Maurer. Er bekam keine Antwort und fuhr fort: Ein Heiligenbuch. Ich würde es auf die Maurerkelle legen und weit wegwerfen.

Ihm ist es eben lieb und teuer, sagte die Dame am Ladentisch.

Der Maurer wandte sich an mich: Was soll man zu so viel Verrücktheit sagen? Sie sind wie die Tiere, wissen nichts, lesen Heiligenbücher, bekreuzigen sich. Ich bin in Russland geboren und bin Russe, sagt er. Ist das nicht völlig gleichgültig?

Nein, nein, sagte die Dame.

Was meinen Sie damit, Fräulein?, fragte der Maurer in scharfem Ton.

Es ist nicht gleichgültig. Wir haben ein Land, unsere Heimat.

Genau! Mit dem Quatsch sind wir geboren und aufgewachsen, es steht in den Zeitungen, man hört's auf den Märkten. Aber wollen Sie meine Meinung hören?

Der Russe ruft plötzlich ekstatisch aus: Ach, du großes, heiliges Russland!

Das Heimweh hat ihn hysterisch gemacht, sagte die Dame zu mir.

Der Maurer macht Anstalten, uns zu verlassen, der Buchhandlung den Rücken zu kehren, er ist bleich im Gesicht und sagt wütend: Heimat – gehen Sie mir doch! Wissen Sie was? Wollen Sie meine Meinung hören? Heimat mit Liebe und Kniefall und dem ganzen Kitsch. Aber wollen Sie meine

Meinung hören? Heimat, das ist da, wo es uns gut geht. Ja. Das ist meine Meinung. Was anderes ist die Heimat nicht.

Das Fräulein lächelt ihm zu: Ja, so was bringen Sie ja auch Ihren Kollegen bei.

Er stutzt: Was wissen Sie davon?

Ich habe es mir erzählen lassen. Sie halten Reden in der Vereinigung.

Einige Zeit nachdem der Maurer gegangen war, kamen zwei Herren herein, Reisende, sie sprachen Englisch, verlangten eine Karte von Finnland.

Der Russe stellte sich vor: Ich bin Russe.

Pst, sagte die Dame leise.

Die beiden Herren unterhielten sich am Ladentisch, sie wollten auch eine große Karte von Russland, um zu sehen, wo sie überall gewesen waren. Wir kommen aus China, erklärten sie, eine ungeheure Reise, monatelang, das ganze Russland. Wir sind Amerikaner.

Die Dame sprach Englisch und konnte ihnen antworten.

Was sagen die Herren?, fragte der Russe.

Pst, sagte die Dame.

Ich wollte nur wissen, ob sie aus Russland kommen.

Ja, aus Russland.

Gelobt sei Jesus Christus, dann sind sie mit der großen Eisenbahn gekommen, die kein Ende hat. Der Russe nannte Gouvernements und viele Städte, sagte was von einem gelben Bahnhof bei dem Gut, und zwanzig Werst weiter war sein Heim. Er bekreuzigte sich. Sie müssten entschuldigen, aber sie müssten an dem großen gelben Bahnhof vorbeigekommen sein, er sei nicht zu übersehen, und nur zwanzig kurze Werst weiter stehe sein Haus. An einem Bach mit Pappeln und Wacholder, die Vögel seien gar nicht zu zählen.

Was will der Mann?, fragten die Amerikaner.

Die Dame lächelte: Er will wissen, ob Sie an seinem Haus in Russland vorbeigefahren sind.

Die Amerikaner verwirrt: Was? Das wissen wir nicht. An seinem Haus in Russland?

Er hat großes Heimweh. Seine Herrschaft ist auf Reisen, und da steht er nun –

Haben sie ihn hier zurückgelassen?

Er sollte gleich wieder nach Hause fahren und bekam Geld für die Reise. Aber dann ist er auf die schiefe Bahn geraten und hat das Geld vertrunken.

Der arme Kerl!, sagten die Amerikaner lachend. Und jetzt sehnt er sich nach Hause? Das tun wir auch, sagten sie. Es ist eine Krankheit, wir kennen sie gut. Aber jetzt fahren wir mit dem Schiff nach Hause.

Ich wünsche Ihnen eine glückliche Reise.

Danke, Fräulein. Wo haben Sie Englisch gelernt?

In Amerika. Ich bin nur kurz auf Besuch hier zu Hause.

Ach so!, nickten die Amerikaner. Und dann kommen Sie wieder zu uns?

Das habe ich vor.

Der Russe wieder dazwischen: Fragen Sie sie, ob sie wenigstens die Vögel gesehen haben.

Das kann ich nicht fragen, sagte das Fräulein freundlich.

Die Amerikaner grüßten und gingen. An der Tür drehten sie sich um und fragten das Fräulein, ob es dem Mann helfen würde, wenn er Geld für die Heimreise bekäme?

Das glaube ich nicht, antwortete sie. Er wird wohl auf neue Anordnungen seiner Herrschaft warten müssen.

Jetzt sind sie weg, und ich habe es nicht erfahren!, schluchzte der Russe. Entschuldigung, aber sie werden doch noch da sein, wenn ich nach Hause komme, meinen Sie nicht?

Wer? Die Spatzen? Doch, die sind noch da.

Sie hätten sie sehen sollen, Fräulein, sie flogen an den Bach und steckten den Schnabel hinein, als ob auch sie Durst hätten, wie lächerlich! Der Russe weinte. Elende Vögel waren es, sagte er und nahm sich zusammen, grau und gelb, kaum hatte man sie verscheucht, waren sie schon wieder da, sie verdunkelten den Himmel, eine Million –

Die Tränen rannen ihm in seinen grauen Bart.

Ich war seine Hysterie leid und wunderte mich über die Geduld, die die Dame mit ihm hatte.

Sie antwortete: Ich bin aus Finnland und habe selber Heimweh! Und sie beugte sich vor und flüsterte mir über den Ladentisch zu: Ich bin nämlich seine Cousine. Aber ich will nicht, dass er das erfährt.

• • •

An einem nassen, nebligen Tag schlenderte ich im Zentrum umher. Es war in der Zeit zwischen den Weltkriegen, und ich war gerade frei, ich trug ein paar Bücher, die ich gekauft hatte, einige Packen, die etwas lästig zu tragen waren, da sie verrutschten und sich ständig verschoben. Eigentlich wollte ich ein Buch für das Rote Kreuz zur Post bringen.

Da passierte was.

Ein junger Mann tauchte plötzlich auf, sprach mich mit Namen an und sagte: Ich muss Sie angehen!

Er war gut gekleidet und sah nicht wie ein Bandit aus. Ich muss Sie angehen, verstehen Sie, sagte er noch einmal und schien selbst beschämt, er war außer Atem. Ich blieb stehen, er ebenfalls. Nein, das war dumm gesagt, ein dummer Anfang, aber ich dachte, ich könnte Sie um Hilfe angehen –

Ich dachte, Sie wollten auf mich losgehen.

Nein, nein, bewahre. Mir ist ein Unglück passiert, es tut mir schrecklich leid, Sie bitten zu müssen, aber ich wollte sehen, ob ich bei Ihnen Erfolg habe.

Hilfe?

Ja, Hilfe. Sonst tue ich so was nicht, aber ich bin in einer schwierigen Lage.

Ich ließ ihn meine Bücher halten und griff in die Tasche, ich hatte damals ein paar Schillinge übrig. Während ich etwas Geld zusammensuchte, dachte ich in der Eile, er bäte nicht um einen lächerlichen kleinen Geldschein, sondern um Hilfe. Er hatte übrigens ein ehrliches und ansprechendes Gesicht.

Während ich so beschäftigt war, setzte er sich langsam in Bewegung. Ich beachtete es erst, als er ein paar Schritte gegangen war, ich sagte: Bitte schön!, und ging hinter ihm her. Aber jetzt war er ein ganzes Stück vor mir, und ich rief und winkte mit dem Geld. Er ging. Ich rief noch ein paarmal, aber er ging schneller und war schon weit oben in der Pilestræde. Er verschwand in einer Nebenstraße.

Ich blieb mit offenem Mund stehen. Dass ich auch das

noch erleben musste! Ich stand da und lachte ein dummes und verwundertes Lachen.

Der junge Mann war also mit meinen Büchern abgehauen, so war es. Aber wenn er darauf spekuliert hatte, dass die Bücher wertvoller waren, als es mein Geldgeschenk gewesen wäre, hatte er sich verrechnet. An seiner schiefen Spekulation verdiente ich gutes Geld.

Doch das interessierte mich zu diesem Zeitpunkt nicht. Vielmehr war es mir darum zu tun, ihn mir etwas genauer auszudenken.

Warum hatte er mit den Worten begonnen, er wolle mich »angehen«? Um sich Mut zu machen für den Fall einer Abfuhr. Er hatte diese Taktik übrigens sofort wieder fallen lassen und die Haltung verloren. Der nächste Punkt war, dass er verlegen wurde, weil er meine Bücher halten sollte – hatte er mich doch um Hilfe gebeten! Hätte ich aufgeblickt, hätte ich die Verlegenheit in seinem Gesicht bemerkt und ihn noch verlegener gemacht, aber ich war beschäftigt. Er befand sich in einer peinlichen Situation und trat von einem Fuß auf den anderen, setzte einen Fuß vor. Anfangs dachte er gar nicht daran wegzulaufen, er übte sich ein wenig in Dreistigkeit, meinte, es richte ihn auf, und sein erster Schritt zog weitere nach sich, bis er ganz losging, um zu verschwinden.

Jetzt aber war er gar nicht gut dran, er hatte sich selbst in eine schlimme Klemme gebracht. Er hatte meine Rufe gehört und hätte beizeiten umkehren können, doch sich nach alledem umzudrehen und mir Auge in Auge gegenüberzutreten, das war das Schlimmste überhaupt, was also sollte er tun?

Junger Mann, du bist es nicht gewohnt, in Bedrängnis zu sein, du hast keine Übung darin, um Hilfe zu bitten. Du schienst aus guter Familie und ein rechtschaffener Bursche zu sein. Eine sogenannte vorübergehende Verlegenheit hatte sich derart vor dir aufgetürmt, dass du glaubtest, Hilfe zu brauchen. Vielleicht war es die Milchrechnung oder eine andere Kleinigkeit, mein Gott, dir werden weit schlimmere Dinge im Leben begegnen.

Was aber die Bücher betrifft, die liegen nun also bei dir, du kannst sie dem Besitzer nicht zurückschicken, aber sie vor aller Augen auf dem Tisch liegen lassen, das kannst du auch nicht. Warum versuchst du nicht, sie loszuwerden, sie zu veräußern? Ich frage, weil es ein Ausweg wäre. Du sträubst dich, sie zu Geld zu machen, es sind ja nicht deine Bücher, nun ja, deine Weigerung ehrt dich. Aber was bleibt dir anderes übrig? Entschuldigung, dass ich mich einmische, aber geh doch mit den Büchern zu Omtvedt. Es sind neue, gebundene Exemplare, du wirst genug für die Milchrechnung bekommen.

Wie war es eigentlich dazu gekommen, dass du dir an diesen Büchern die Finger verbrennst? Alles lässt sich erklären. Vielleicht wolltest du es einem alten Mann ersparen, auf der Straße zu stehen und mit Geldscheinen zu hantieren und Aufsehen zu erregen. Das war ein schöner Gedanke. Natürlich wusstest du im Innersten auch, dass ich nicht hinter dir herrennen und dich einholen konnte. Und du konntest doch wirklich nicht selbst Haltet den Dieb! rufen, nicht wahr? Schließlich hattest du dich so verheddert, dass du womöglich an Selbstmord gedacht hast. Also, alles lässt sich erklären.

Was aber mich betrifft, ich kann hier nicht länger herumstehen, die Leute fangen an, sich nach mir umzudrehen, ich muss dich vergessen, außerdem muss ich zur Post –

Ich versank in der Erde!

Die Post – das Buch für das Rote Kreuz – Frau Ida Vogt –

Diese Frau Vogt hatte etwas mit einem Basar für das Rote Kreuz zu tun und hatte mich um eins meiner Bücher zum Verlosen gebeten. Ich kaufte das Buch und schrieb einige weise Worte hinein. Aber das war ja nur ein geringes Geschenk, also befestigte ich einen Hundertkronenschein darin, um das Buch für die Verlosung wertvoller zu machen. Ich ließ es schön einpacken und wollte es zur Post bringen.

Aber dann war alles anders gelaufen. Ein junger Mann mit einem ehrlichen und ansprechenden Gesicht hatte vermutlich in dem Buchladen gestanden und mit angesehen, was vorging, war mir gefolgt, hatte mich angehalten und mich um seinen kleinen Finger gewickelt.

Er ist mit dem Buch nach Hause gegangen. Ganz bestimmt.

Aber an Frau Vogt musste ich ein neues Exemplar mit neuen weisen Worten schicken. Und erhielt ein begeistertes Dankeschön für meinen Einfall mit dem Hundertkronenschein.

• • •

Irgendwo oben habe ich versprochen, vielleicht noch einmal auf das Leben in der psychiatrischen Klinik zurückzukommen. Ich habe also nicht viel versprochen, trotzdem wäre es besser, ich hätte gar nichts versprochen und nichts davon gesagt. Noch immer werde ich daran erinnert, was der Aufenthalt dort in mir zerstört hat. Es lässt sich nicht messen, mit Maß und Gewicht hat es nichts zu tun. Es war ein sachtes, sachtes Ausreißen mit der Wurzel.

Wie das kam? Nicht durch einen Einzelnen, nicht durch etwas Einzelnes, sondern durch ein System. Ein Herumkommandieren mit dem lebendigen Leben, Reglements ohne Intuition und Herz, eine Psychologie in Kästchen und Rubriken, eine ganze Wissenschaft aus Trotz.

Andere halten eine solche Tortur aus, das geht mich nichts an, ich habe sie nicht ausgehalten. Was der Arzt und Psychiater vielleicht hätte verstehen müssen. Ich war ein gesunder Mensch, ich wurde Gelee.

Es ist nicht meine Art, zu klagen und mit Welt und Leben unzufrieden zu sein, auch in diesem Falle nicht. Ich bin kein Griesgram, scherze oft, lache gern, habe ein helles Gemüt. Das habe ich von meinem Vater, der auch dafür bekannt war. Für andere gute Züge, die ich vielleicht habe, schulde ich meiner Mutter Dank. Ich bin ein Produkt.

Aber ich schreibe keinen Lebenslauf.

Jetzt schreibe ich ein paar zufällige Ereignisse auf, gleichgültige Erinnerungen aus der Männerabteilung der psychiatrischen Klinik. Ich erwähne auch einige ernste Dinge, die sich von selbst anbieten, obwohl ich sie mir nur mit großer Unlust in Erinnerung rufe.

Es handelt sich um eine etwas jesuitisch organisierte und betriebene Anstalt, mit einem halben Dutzend erwachsener Männer für den Notfall und einer Unzahl weißer Pflegerinnen, die Leben ins Haus bringen, indem sie wie ein Schwarm weißer Tauben in die Zimmer einfallen. Es waren freundliche Schwestern und tüchtige Krankenpfleger. Im Keller befanden sich Werkstätten für Patienten, denen körperliche Übungen verordnet waren, und oben im Gebäude war das Laboratorium, wo der Zuständige seine Experimente und seine Entdeckungen auf dem Gebiet des Seelenlebens machen konnte. In der Mitte waren die Aufenthaltsräume, dort war ein halbes Hundert »nervöser oder gemütskranker« Personen verteilt. Die Zeit maß sechzig Minuten die Stunde, denn näher konnte man ihr nicht kommen. Überall herrschten Ordnung und Pünktlichkeit, Kälte, Reglement und Unpersönlichkeit, Zucht und Religion.

Ich erfuhr, dass Krankenhaus und Irrenhaus sehr verschiedene Dinge sind, obwohl beide Einrichtungen der Gesundheit dienen sollen. Ich lernte das Irrenhaus ein wenig kennen, aber nachts lag ich wach und wünschte mir ein normales Krankenhaus, ein normales Gefängnis, einen normalen Wachdienst, Zwangsarbeit, alles, nur nicht das psychiatrische Irrenhaus auf Vindern. Ich habe dort vier Monate lang gelebt und hätte keinen Tag dort sein dürfen. Ich war ja kein Patient, sondern Logiergast, Kostgänger.

Ich begann in der ersten Abteilung in einer Zelle mit einem Guckloch in der Tür, bekam einen Löffel zum Essen, durfte nicht zu laut husten, durfte ein Paket Wäsche von zu Hause nicht selber öffnen und den Bindfaden nicht behalten. Dort war ich ein, zwei Monate, dann kam ich ein Stockwerk höher. Dort gab es keine Zelle, sondern ein Nebenzimmer mit einer gewöhnlichen Tür, die man schließen konnte, dafür war ich dankbar. Es war heller und freundlicher, nicht ganz so geisteskrank, ich bekam Messer und Gabel zum Essen und nach einiger Zeit meine Uhr. Aber das Ausforschen war das Gleiche, es herrschte die gleiche Atmosphäre heimlicher Schnüffelei, man hantierte mit meinen Papieren und Büchern unter dem Vorwand, sie zu ordnen, und ich musste es lange hinnehmen, dass mir meine Kleidungsstücke nachts weggenommen und weggehängt wurden.

Ich erkannte keinen besonderen Unterschied zwischen den Patienten hier und im Erdgeschoss, vielleicht gab es hier einige Patienten mehr, die Schockbehandlung bekamen und danach ruhen mussten. Auf unseren Freigängen mischten wir uns untereinander, nur ich, der ich nicht hören konnte, musste für mich bleiben, um die anderen nicht damit zu quälen, dass sie mit mir sprechen mussten, und mich damit, dass ich immer wieder nachfragen musste.

Eines Tages blieb eine große, dunkle Schönheit stehen und lächelte zu mir herüber. Unter ihrem dunklen Mantel trug sie Schwesternkleidung, ich hatte sie bisher noch nicht gesehen, stand aber von meiner Bank auf, grüßte und sagte, ich könne nicht hören. Nein, ich weiß!, sah ich sie antworten. Dann spazierte sie weiter.

Einige Wochen vergingen, und ich sah sie nicht. Aber eines Sonntags – ich glaube, es war ein Sonntag – kam sie reisefertig aus der Frauenabteilung, sie trug einen kleinen

Koffer und war in Begleitung eines Herrn. Ich grüßte und blieb stehen. Sie trat auf mich zu und sagte, sie wolle mir Guten Tag sagen und mir für einige meiner Bücher danken. Ich fragte, ob sie abreisen wolle, aber sie antwortete, sie wolle nur einen Spaziergang mit ihrem Mann machen. Sie war sehr freundlich und machte sich die Mühe, nahe an meinem Ohr zu sprechen. Später sah ich sie hin und wieder auf den Spazierwegen, nein, eine Schwester war sie wohl nicht, ich hatte mich geirrt, sie war Patientin, nervös, angespannt, eine Dame.

An einem anderen Sonntag – wenn es ein Sonntag war – grüßte mich ein junger Mann, er war in Begleitung einer älteren Dame, vielleicht seiner Mutter. Er sprach nicht, grüßte nur. Die Dame nahm keinen Anteil, sie wandte sich ab. Nach einer Woche erschien er wieder und wiederholte seinen Gruß und nach einer weiteren Woche noch einmal, die Dame wandte sich jedes Mal ab. Vielleicht war sie mit seinem Verhalten nicht einverstanden, und um zu verhindern, dass sie sich noch mehr darüber ärgerte, grüßte ich und sagte, er wisse vielleicht nicht, dass ich Häftling sei, ich sei von der Polizei hier eingewiesen worden. Ich hörte seine Antwort nicht, schnappte aber die Worte auf: Mir doch egal! Später sah ich weder ihn noch die Dame mehr.

Es war mir ein ziemliches Rätsel, wie es das Dienstpersonal in diesem Haus aushielt. Die Männer waren weniger gefährdet, aber die Schwestern kamen zum Teil in ziemlich jungem Alter und waren dann zwanzig Jahre lang hier. Ich fragte sie zum Beispiel nach dem Gehalt. Dazu schwiegen sie. Pension? Dazu schwiegen sie. Freizeit? Oh, doch, an manchen Tagen! Mehr konnte ich passenderweise nicht fragen.

Aber hier begann für mich das Rätsel. Viele Schwestern waren freundlich, besaßen Umgangsformen, führten eine gepflegte Sprache, Damen mit Bildung, sie hatten Schulen besucht, Bücher gelesen, bevor sie hierhergekommen waren, jetzt lasen sie nicht mehr. Hielten sie es aus, nicht mehr zu lesen? Ja, mit Freuden. Überall lagen Sonntagszeitungen, biblische Schriften, religiöse Bücher herum, aber ich sah nicht, dass irgendeine Schwester sich dafür interessierte. Offiziell war das Haus religiös, aber das verhinderte nicht, dass man menschlich einen anderen Weg ging, so gut es sich machen ließ – und machen lässt sich vieles. Sollte eine Schwester einen Fehler machen, würde es nicht bekannt werden. Unter allen anderen Lebensumständen würde sie, falls notwendig, Zeugen beibringen, hier war es nicht notwendig, sie wird beschützt von ihrem Schweigen und dem Schweigen aller, das ist das System. Gerät sie in etwas hinein, wofür sie sich rechtfertigen muss, rechtfertigt sie sich nicht. Spricht der Schein gegen sie, wird sie es ohne Weiteres auf sich nehmen, den Schein gegen sich sprechen zu lassen. Das können nicht alle, aber sie kann es. Sie kann einen Pfleger holen, der sich hinstellt und zusieht, dass sie es erträgt. War eine Schwester längere Zeit im Dienst, hat sie so viel praktisches Jesuitentum gelernt, dass es fürs Leben reicht. Und im Tod braucht sie nichts anderes als einen Pastor und die Vergebung der Sünden.

Ich erinnere mich oft an diese guten Schwestern. Es ist schade um sie, die Luft im Haus ist schlecht, und da verbringen sie nun ihre Zeit und werden alt. Kein Spaß, kein Frohsinn, niemals ein Lachen, Gott behüte, nur kein Lachen. Viele waren sehr sympathisch, ich könnte Namen nennen, wage es aber nicht, um sie keinen Konsequenzen auszusetzen. An ihrer Wiege wurde ihnen von Liebe, Kindern und Heim gesungen. Dann von drei verschlossenen Türen zum Leben. Die Zeit vergeht, sie denken an nichts mehr, dann sind sie einfach nur hier.

Während ich meine Tage dort absaß, beschäftigte mich nichts mehr als der Gedanke an das Ende des Klinikaufenthalts. Ich fühlte mich immer ausgelaugter, immer ausgehöhlter, nichts konnte mich mit meiner Rolle als Versuchskaninchen der psychiatrischen Wissenschaft versöhnen, und nichts Persönliches brachte mich der Verwaltung näher. Wir gingen auf Treppen und Gängen wortlos aneinander vorbei.

An der Spitze stand Herr Langfeldt, Oberarzt der Anstalt und Professor an der Universität. Ich hatte seine Vorlesungen nie gehört und hätte als Mann von der Straße auch keine Voraussetzungen gehabt, um mir eine Meinung dazu zu bilden. Seine Schüler sind vermutlich nicht alle gleich entzückt von seinem Unterricht, wie es auch bei Lehrern in anderen Disziplinen der Fall ist. Ich baue auf meinen persönlichen Eindruck und auf Intuition, auf beides, baue auf Episoden, Fakten und das, was ich vielleicht an psychologischer Einsicht besitze. In meinem Brief an den Generalstaatsanwalt habe ich meine Einstellung zu Professor Langfeldt angedeutet, sie hat sich später nicht verändert. Ich meine, er ist der Typ des Seminaristen, der das Seminar mit all dem Buchwissen verlässt, das er aus Schulbüchern und gelehrten Werken gesogen und durch spätere Studien selbstverständlich à jour gehalten hat. – Auf Letzteres verstehe ich mich natürlich nicht, ich erwähne es nur und setze es voraus, habe auch gar keine Verwendung dafür.

Er fühlt sich mit all seinem Wissen so sicher. Aber etwas anderes ist es, sich der alten Weisheit sicher zu sein: Es gibt nichts Sicheres zu wissen! In seinem Wesen, seiner Persönlichkeit wird Herr Langfeldt immer obenauf sein mit seiner Gelehrsamkeit, die nicht umzustoßen ist, seinem Schweigen gegenüber Einwänden, überhaupt mit seiner Überlegenheit, die nur künstlich wirkt.

Während einer Visite sah ich, wie die Assistenzärztin ihm eine Erklärung von mehreren Minuten gab, sie hielt den ganzen Zug auf, und er hörte in Ruhe zu. Worauf er, ohne ein Wort an die Dame, ohne ein Nicken, weiterzog, den Stab hinter sich. Dieselbe Assistenzärztin musste bei einer Gelegenheit laut über eine drollige Geschichte lachen – er sah sie nur an.

Ich würde dem Psychiater die Fähigkeit gönnen, ein Lächeln um seinen Mund zu erzeugen. Ein Lächeln, das bei Gelegenheit auch ihm selbst gilt.

Sein kühles und vornehmes Auftreten dürfte kaum ganz echt sein, er hat es sich eher des Ortes und der Umgebung wegen zugelegt. Er ist kein verknöcherter oder erstarrter Mann, dann wäre er nicht so gut disponiert und betriebsam. Neben seinem Lehramt und seinem wissenschaftlichen Beruf findet er die Zeit, ein Fachbuch über Hausmittel für ländliche Familien zu verfassen und sogar gelegentlich einen biologischen Artikel für die Abonnenten der populären Monatsschrift *Samtiden* zu liefern. Er ist jung an Jahren, genießt Publizität und ist sicher Mitglied aller möglicher gelehrter Gesellschaften. Nein, er ist nicht erstarrt. Das mögen andere sein, er nicht. Seine Steifheit kommt von einer Neigung zur Pose. Er ist lebendig genug, um mäuschenstill zu sein oder auch laut seine Meinung zu sagen.

Ich führe aufs Geratewohl ein paar Proben der letzteren Art an.

Die Pfleger hatten mein Rasierzeug ramponiert, hatten das Leder des Abziehriemens zerschnitten und außerdem einen wichtigen Teil des ganzen Apparats weggeworfen. Er war nicht zu finden. Worauf die Pfleger gingen und mich stehen ließen. Eine Schwester, die seit zwanzig Jahren im Dienst war, führte mich in eine Zelle, wo ich mich rasieren konnte, ohne Spiegel und mit ihrem Messer oder dem eines anderen, ich schnitt mich sehr. Plötzlich hörten wir ein Brüllen, es war der Professor. Ein richtiges Brüllen: Wir standen am falschen Ort mit meiner Rasiererei, er schnaubte, war wütend, sagte »junges Mädchen« (vierzig bis fünfzig Jahre), hielt inne, starrte lange in die Luft, ging nicht, nein, er stand da und kam wieder zu sich! Welch ein Anblick. Die Schwester war wie gelähmt, ich wischte mir Blut und Seife ab. Keine Rede davon zu widersprechen, sie hätte sich mit wenigen Worten verteidigen, hätte die Pfleger erwähnen können – keine Rede davon gegenüber dem Professor persönlich, ausgeschlossen.

Für mich ist es nicht ganz ungewohnt, Leute in Arbeit zu haben, und ich frage mich, wie die Sache für mich ausgegangen wäre, wenn ich bei einer solchen Gelegenheit gegen einen Arbeiter ein wütendes Gebrüll ausgestoßen hätte. Ich glaube, ich wäre stattdessen meiner Wege gegangen, ohne mir was anmerken zu lassen.

Eines Morgens kam der Professor zu mir und sagte: Ich glaube, Sie erinnern sich falsch, Sie haben doch auch eine Brille getragen, als Sie in Hardanger waren! Damit wollte er seinem Stab wohl zeigen, wie unendlich tief seine Untersuchung meiner Person reichte, fast bis in den Mutterleib. Aber genauso unendlich leid war ich sein Gerede über meine Brille, die in psychischer Hinsicht überhaupt keine Bedeutung hatte. In Hardanger war ich 1878, vor fast siebzig Jahren, also im reinen Jugendalter. Ich hätte ihm ohne Weiteres eine vollständige Erklärung geben können, aber ich hatte keine Lust dazu: Eines Tages kam der Doktor auf den Hof, auf dem ich wohnte, es regnete, er trug einen schwarzen Regenumhang und einen schwarzen Regenhut, er hatte einen Doppelnamen, Maartmann-Hansen oder so. Da der nächste Apotheker und Optiker in Bergen war – eine endlose Tagesreise entfernt –, hatte der Doktor die Medikamente und Brillen, die am häufigsten gebraucht wurden, in einem Handkoffer bei sich – und so bekam auch ich meine Brille in Hardanger!

Aber ach, wir sollten dem Stab ja unsere Psychohygiene vorführen.

Ich wurde zum Professor gerufen. Der Bote trat von einem Bein aufs andere und trieb mich zur Eile an. Ich fand den Professor und seinen Stab im Büro. Man reichte mir die drei Briefe, die ich in meinem Schreiben an den Generalstaatsanwalt vom 23. Juni 46 erwähnt habe und zu denen ich also schon gesagt hatte, was ich zu sagen hatte. Ich muss wohl eine ungeduldige Gebärde gemacht haben, denn plötzlich sagte der Professor gereizt: Nein, Sie dürfen nicht böse sein, niemand will Ihnen was antun! Das sagte er nicht zu einem seiner Schüler vor dem Katheder, sondern zu einem alten Mann. Und wie unkontrolliert seine Sprache war: Niemand, sagte er, wolle mir was antun – wo er doch in Wirklichkeit nur für sich selbst einstehen konnte. Das wandte ich auch ein. Der Professor stand gereizt auf. Ohne Einleitung, ohne den Stab zu orientieren, sagte er laut: Haben Sie sich Geld von Frauen geliehen? (Das stand nämlich in den anonymen Briefen.) Ich muss den Mund aufgerissen, muss gestottert haben. Bei einer früheren Gelegenheit hatte ich den Professor daran erinnern müssen, dass wir nicht allein seien, aber das tat ich jetzt nicht, wahrscheinlich kam ich gar nicht dazu, etwas zu sagen, ich murmelte nur. Ich weiß selbst nicht, ob ich mir je im Leben Geld von Frauen geliehen habe, aber falls ja, habe ich es bestimmt zurückbezahlt. Aber was hat diese Frage hier zu suchen? In dem großen Dossier für das Gericht hat der Professor diese Episode schriftlich zu glätten versucht. Ich erkenne sie nicht mehr wieder.

Aber das war der Ton. Er musste sich vor dem Stab wichtigmachen. So konnte ein Professor Langfeldt mit einem harmlosen alten Mann reden. Er wusste, der Stab würde schweigen. Der Stab bestand aus vier Ärzten und vielen Schwestern, sie würden schweigen. In der Anstalt hieß es, der Stab sei da, um zu lernen, der Professor war der Herr, er konnte den Ton anschlagen, der ihm passte – und ihn den anderen beibringen.

Gut, soll er!

Bei den erwähnten Vorkommnissen mögen gewisse Verhältnisse des Systems hineingespielt haben, mit denen der Professor sich entschuldigen kann. Ich habe kein Interesse, was anderes anzunehmen. Man könnte auf die ganze Stellung des Mannes als Direktor und Gastgeber in seiner Klinik verweisen, als Hotelchef mit gut hundert ständigen, mehr oder weniger kranken Gästen und einer riesigen Belegschaft unter sich. Das wäre wohl jedem Universitätslehrer auf die Nerven gegangen. Und ich kann mir vorstellen, dass einige Strenge und Zucht und vielleicht auch einmal ein Brüllen nötig sind, um die Disziplin in diesem Haus auf Vindern aufrechtzuerhalten.

Dagegen wird der Professor einen Tadel wegen Handlungen und Entscheidungen, an denen er persönlich schuld ist, nicht zurückweisen können. Dazu rechne ich seine hartnäckigen Bemühungen, meine Frau in die Untersuchung einzubeziehen und ihre Erklärungen gegen mich zu verwenden, ihre Aussagen protokollieren zu lassen, wohl wissend, dass sie dann unter Anwälten und Büroangestellten in den verschiedenen Rechtsabteilungen verbreitet wurden. Dafür hat Professor Langfeldt keine triftige Entschuldigung. Die meine Frau dagegen in hohem Maße hat. Sie hatte monatelang im Schweigen des Gefängnisses verbracht, jetzt saß sie mit einer leicht erklärlichen Nervosität hier und redete drauflos. Ihr Zuhörer war ein großer Mann des öffentlichen

Lebens. Er hatte einen Stenografen bei sich, der ihre Worte niederschrieb.

Ich glaube nicht, dass ich mich über Kleinigkeiten beschwere. Der Professor hatte mich wiederholt bedrängt, ihm Informationen über meine »beiden Ehen« zu geben. Ich habe ihm schließlich kein Wort mehr geantwortet. Beim letzten Mal versuchte er es schriftlich. In meiner kurzen Antwort – ebenfalls schriftlich – sagte ich über meine Ehe: Ich könnte schreien vor Angst, dass hier was hinter dem Rücken meiner Frau reingemischt wird, jetzt, wo sie verhaftet ist wie ich!

Sind das deutliche Worte? Ich wollte nicht nur mich selbst decken. Sondern die ganze Ungeheuerlichkeit.

Aber der Professor wusste Rat: Mit Hilfe des Generalstaatsanwalts lässt er meine Frau aus dem Gefängnis von Arendal in die Klinik auf Vindern holen, um sie zu examinieren. Das Resultat kann jedermann, kann die ganze Öffentlichkeit in dem großen Dossier lesen.

Ich war jemand, dem die für ihn undenkbare Einweisung zur Beobachtung in einer Klinik für Geisteskranke widerfuhr. Professor Langfeldt konnte mit mir schalten und walten, wie es ihn gelüstete – und es gelüstete ihn sehr.

Ich glaube, wenn er vorher genau überlegt hätte, was er plante, hätte er sein Vorhaben aufgegeben. Ich hatte meine Frau und meine Ehe ja monatelang herausgehalten, und darin gebe ich mir sehr recht. Wo würde man am Ende landen? Würde irgendjemand oder irgendjemandes Familienleben – das des Professors selbst eingeschlossen – unberührt bleiben? Meist sind es die Angehörigen, die verletzt werden, meist müssen es die Kinder büßen, und schließlich gibt es immer eine gewisse Grenze, die normal gebildete Menschen ungern überschreiten.

Zu dem Zeitpunkt, als die Anwesenheit meiner Frau erzwungen wurde, muss dem Professor längst klar gewesen sein, dass ich nicht geisteskrank war. Was war dann der Zweck ihrer Anwesenheit – außer Neugier und Skandal? Will der Professor behaupten, die Beobachtung hätte ohne ihre Einbeziehung einen anderen Verlauf genommen? Will er behaupten, ich wäre ohne sie vielleicht für geisteskrank erklärt worden?

Das Material liegt vor. Vielleicht wird es einmal untersucht werden.

Ich meine bereits jetzt, die Vorgehensweise des Professors war unverantwortlich. Schon zu Beginn des Gesprächs mit meiner Frau hätte er eine glücklichere Form finden können. Als er sah und hörte, wohin sich die Dinge entwickelten, hätte er aufstehen und die weitere Grabungsarbeit in andere Hände übergeben können, in die der tüchtigen Ärztin. Er kann sich so was sicher nicht vorstellen, aber die vielleicht ein wenig zu große Bereitwilligkeit, die vielen Schlechtigkeiten eines anderen Menschen auszuposaunen, hätte einen feineren Psychologen wohl misstrauisch gemacht. Professor Langfeldt weiß im Grunde, dass er nicht sehr geschickt darin ist, in eine fremde Ehe einzudringen und mit Intimitäten zu hantieren. Er ist zu fest und kantig, sein Kopf steckt voller gelernter Dinge, und die gehören in Rubriken, in Leben und Lehre.

Ich erinnere mich an einen nicht gleichen, aber ähnlichen Fall in einem unserer Nachbarländer, bei dem der Professor nicht nur zurücktrat, sondern seine ganze Stellung in seinem Heim aufgab und sich versetzen ließ.

• • •

Zurück zum Altersheim.

Es ist Kleinkram, worüber ich schreibe, und was ich schreibe, ist Kleinkram. Was sonst? Ich bin Untersuchungshäftling mit Unterbringung im Altersheim, aber auch wenn ich in einem Gefängnis säße, gäbe es nichts Größeres als hier, um darüber zu schreiben, höchstens vielleicht was Kleineres. Ein Gefangener hat von den ewigen täglichen Ereignissen zu schreiben und auf sein Urteil zu warten, was anderes hat er nicht zu tun. Silvio Pellico saß in einem österreichischen Gefängnis und schrieb von der kleinen Maus, die er adoptierte, von seiner Adoptivmaus. Ich schreibe über Ähnliches – aus Angst, was mir passieren könnte, wenn ich über was anderes schriebe.

Hier gibt es ja unter anderem ein gewisses Hähnchen, es sollte zum ersten Mal krähen. Eine ernste Sache. Es hatte nichts davon verlauten lassen, dass es ein Mannsbild war, aus Angst, jemand würde nachschauen wollen. Jetzt machte es einige erlesene Verrenkungen mit dem Hals und spürte nach. Es machte noch etwas erlesenere Verrenkungen und kam nicht weiter. Der Arme war allein auf der Welt und wagte nicht, der Sache ihren Lauf zu lassen. Dann hörte er was aus seinem Hals kommen, es war grauenhaft – und im selben Moment tat er es! Die kleinen Hennen stoben zusammen und guckten ihn an. Wonach guckten sie? Er hatte es nicht getan. Er schämte sich und gab keinen Ton von sich, niemand würde ihn dazu bringen, zuzugeben, dass er es getan hatte. Im Lauf des Tages kam es wieder über ihn, er stemmte sich nicht mehr dagegen, es nützte nichts, es musste seinen Lauf nehmen. Ach, wie bodenlos war doch die Welt. Seitdem tat er es oft.

Als er erwachsen war und immer noch nichts verstand, geschah es eines Tages, dass er auf seinen Flügel trat. Ein Huhn blickte auf. Er trat noch einmal auf seinen Flügel, und das Huhn blickte auf. Wollte es sich über ihn lustig machen? Es beugte den Kopf vor ihm und neckte ihn sehr, aber das ertrug er nicht. Plötzlich warf er sich auf das Huhn und biss sich in seinem Schopf fest. Es entstand eine ernste Rauferei, sodass Federn und Daunen flogen. Mein Gott, in welcher Bodenlosigkeit das endete.

Später eines Abends saß er auf seiner Stange und schlief. Torarin, der Bogenschütze, will auf Heerfahrt ziehn, und so weiter. Aber da ergriff ihn eine Hand und machte alles dunkel, machte es bodenlos dunkel.

• • •

Es regnet, aber nur ein bisschen, das macht mir nichts aus, ich habe einen Schirm. Ich suche mein Versteck im Wald auf, wo ich früher gewesen bin. Es ist besetzt. Was? Doch, es ist besetzt.

Martin!, sage ich.

Na, man erkennt mich also wieder, sagt er.

Martin aus Kløttran auf Hamarøy.

Er ist wie letztes Mal, ein bisschen ältlich und gewöhnlich, vielleicht hat er etwas mehr Haar und Bart. Nicht zerlumpt, sondern geflickt, repariert, ach, überall gestopft, er trug die Schuhe über der Schulter und ging barfuß. Seine Füße waren schön sauber, weil er heute im Regen gegangen war.

Es gibt nichts Heimliches und Künstliches zwischen uns, wir sind alte Bekannte, er sagt mal Du, mal Sie zu mir und ist gutmütig. Schön, dich wiederzusehen!, sagen wir beide, aber Gott sei Dank, dass ich dich am Leben sehe!, sagt nur er.

Ich habe verstanden, dass dies dein Versteck ist, deshalb habe ich mich hierher gesetzt. Nimm's mir nicht übel.

Woran hast du das erkannt?

An diesen kleinen Papieren, die ich gefunden habe. Willst du sie wiederhaben?

Nein. Das sind nur ein paar Notizen.

Verse und Lieder und so was?

Vielleicht, aber wirf sie ruhig weg. Kommst du aus dem Norden?

Ja, diesmal aus dem Norden. Und da will ich auch wieder hin.

Du ziehst noch immer herum?

Ja, man soll's nicht besser machen, als es ist.

Und betest zu Gott?

Oh ja, Gott ist gnädig. Ich habe bei der Frühjahrsbestellung auf einem Hof geholfen, ein gutes Haus, sie hatten eine Orgel.

Hast du was dafür bekommen?

Nein. Doch, einen Sack Kartoffeln.

Kartoffeln?

Was anderes habe ich nicht verlangt. Heutzutage sind Kartoffeln was Besonderes, es gibt sie bald nirgendwo mehr.

Du liest also Zeitung? Kannst du ohne Brille lesen?

Ohne Brille? Ja, ich bin nicht so alt. Ja, ja, ich lese auch ein bisschen Zeitung. Aber auf dem Hof, wo ich war, haben wir ein paar Versammlungen abgehalten. Sie haben sehr schön zur Orgel gesungen.

Da du Zeitung liest, hast du das über Truman gelesen?

Nein, habe ich nicht. Truman?

Ja, der Präsident von Amerika.

Ich bin nicht besonders gebildet, sagt er.

Hast du das von Kirsten Flagstad gelesen?

Flagstad auf den Lofoten? Ja, das kenne ich schon.

Nein, nein, sie ist eine große Sängerin. Sie reist in allen Ländern herum und singt.

Ach. Ich verstehe leider so wenig. Reist sie herum und tut nichts als singen? Das muss schön sein.

Ja, in großen Sälen und Kirchen. Und Tausende von Leuten hören zu.

Mein Gott! Aber was mich betrifft, ich kann nicht singen. Ich hätte es lernen und dann draußen beim Gehen singen können. Die Gottesgabe habe ich auch, man kann's nicht anders sagen, aber schön singe ich nicht, obwohl ich Noten kann. Wenn ich dich so ansehe – hast du deine Galosche geflickt?

Ja, aber ich habe neue.

Ach so.

Nagelneu und nie getragen. Die Leute zu Hause putzen mich heraus.

Ich bin an deinem Hof vorbeigekommen, wie heißt er noch? Ja, Nørholm. Vor einiger Zeit kam ich dort vorbei. Ein großer Hof. Aber er müsste in Ordnung gebracht werden.

Ja.

Da kannst du sehen, wie vergänglich alles im Leben ist, wenn es nicht in Ordnung gehalten wird.

Ja, ja, Martin. Was machst du mit den Kartoffeln?

Mit den Kartoffeln? Was ich mit denen mache? Ich brate sie in der Asche, wenn ich unterwegs bin. Das gibt mir so manche gute Mahlzeit. Hast du das nie probiert?

Doch, oft, in der Kindheit.

Es schmeckt wunderbar.

Ja.

Ich kann mir nichts Besseres vorstellen, wenn man lange gegangen ist und Hunger hat.

Bist du mal wieder auf Helgeland gewesen?, frage ich.

Auf Helgeland? Ja.

Ich meine, ob du vielleicht was von dem Schullehrer gehört hast, der in Amerika verschwunden ist.

Nein, den haben sie nicht wiedergefunden.

Schade um die Familie, die zurückgeblieben ist, sage ich.

Schweigen.

Hat sie beim Roten Kreuz oder bei der Heilsarmee nachgefragt?

Ja, das hat sie, antwortet er. Sie können ihn nicht finden.

Sag mal, Martin, warum zieht sie nicht wieder zurück nach Hamarøy. Dort wäre sie doch bei ihrer Familie.

Er wartet lange und sagt: Sie kann nicht wieder nach Hause ziehen.

Ach so.

Sie ist vor einiger Zeit ins Unglück geraten. Ich sollte es eigentlich nicht sagen.

Ins Unglück?

Da er schweigt, denke ich nach und frage nicht mehr. Ich kenne den vorsichtigen Sprachgebrauch von Hamarøy, wenn ein Mädchen »ins Unglück geraten« ist. Und ich buchstabiere und füge zusammen und denke so vor mich hin.

Es ist alles sehr merkwürdig, sagt er leise. Ein kleines Mädchen, ach, ein kleiner Engel Gottes, sie saß im Gras, aber ich wagte nicht, näher zu gehen und ihr Angst zu machen. Es war schönes Wetter und warm, und sie trug nur ihr Hemd und außerdem ein blaues Seidenband um den Hals. Ich hätte nicht gedacht, dass etwas so schön sein kann.

Hast du kein Bild von ihr?

Ich? Nein. Ich bin nicht mal ins Haus gegangen, um zu sagen, dass ich da bin.

Warum nicht?

Nein. Es tut ihr nur weh, wenn ich komme. Es ist so traurig, sie meint, es ist meine Schuld, dass der Schullehrer verschwunden ist, weil ich ihm Geld für die Fahrkarte geliehen habe.

Na ja, sage ich brutal, dann ist es jedenfalls nicht deine Schuld, dass sie was Kleines gekriegt hat.

Doch, das behauptet sie, antwortet er. Weil ich ihr ganzes Leben verdorben und verändert habe, sagt sie.

Wir schweigen beide.

Der klart auf!, sagt er vom Regen und schaut hinaus. Gerade kommt die Sonne wieder durch. Der klart auf. Es wird heller.

Martin tut mir leid, aber das wage ich ihm nicht zu zeigen, ich habe Mitleid mit ihm, er ist so geflickt und überall gestopft, ich könnte ihn meinen Bruder oder Verwandten nennen, aber das würde er nicht gern hören. Wie viele Arten von Schicksal es doch gibt.

Ich hätte so gern gewusst, wie sie heißt, sagte er. Sie saß im Gras und zupfte an etwas herum. Am liebsten wäre mir's, ich wüsste es bis Weihnachten, denn dann schicke ich ihnen was. Ich könnte sie mit ihrem Namen ansprechen, wenn ich ihn wüsste.

Kannst du nicht hinschreiben und fragen?

Nein. Aber du glaubst nicht, wie schön sie war. Ich habe viele Kinder gesehen, und alle waren schön und Ebenbilder Gottes, man kann's nicht anders sagen. Aber sie saß still im Gras und spielte mit sich selbst und hatte nie gesündigt!

Seine blauen, etwas überanstrengten Augen wurden feucht.

Wer ist der Vater?, frage ich.

Ich weiß nicht, antwortet er kurz. Vielleicht ein Mann aus der Gegend.

Ich dachte, dann könnte sie sich vielleicht mit ihm verheiraten.

Nein, nein, das geht nicht. Sie ist ja verheiratet.

Hast du sie gefragt?

Ich? Was meinst du? Ich soll –? Aber sie hat selbst mal gesagt, dass sie nie wieder heiraten kann.

Sie ist inzwischen wohl ein bisschen in die Jahre gekommen?

Sie? Nein, glaube das ja nicht. Sie ist genauso jung wie früher, man sieht ihr nichts an.

Ja, ja, Martin, es war schön, dich wiederzusehen, sage ich und klappe den Regenschirm zusammen. Ich habe oft an dich gedacht, du bist ein treuer Wandersmann, du brauchst so wenig, du wanderst nur. So bist du.

Glaubst du, wir sehen uns wieder?

Ich will einen größeren Abschied vermeiden und antworte nicht. Aber ich sage: Wirst du nicht müde vom Gehen?

Nein. Ja, wenn ich müde werde, lege ich mich hin. In Gottes Namen.

Sag mal, Martin, bevor ich es vergesse: Als wir uns voriges Jahr trafen, hast du da schon gewusst, was auf Helgeland passiert ist?

Er sah weg. Ich hätte es nicht sagen sollen. Es hätte nicht über meine Lippen kommen dürfen.

Aber hast du's schon voriges Jahr gewusst?

Ja, sagt er.

Alles hatte er für sich behalten, alles geduldig getragen. Hatte es ihn niedergedrückt? Er sah nicht so aus, er war nur ruhig und freundlich.

Martin, ich verstehe dich nicht. Aber es ist nicht recht von ihr, dass sie dir die Schuld an dem Unglück gibt, in das sie geraten ist. Überhaupt nicht.

Sie hat es nun mal nicht leicht, antwortet er. Sie ist keine Witwe, und was anderes ist sie auch nicht. Und so muss sie mit anderen Menschen zusammenleben.

Ich verstehe, dass du alles allein tragen willst, aber ich begreife es nicht.

Allein tragen? Ich habe einen guten Helfer, sagt er. Ich gehe mit all meinen Sorgen zu Gott. Sonst wäre es sicher schlimm. Ich bete zu Gott, dass er mich nicht verlässt. Das solltest du auch tun. Denk dran, in deinem Alter.

Wo wirst du unterkommen, wenn du jetzt hier weggehst?

Ich muss meinen Rucksack holen, ich habe ihn in einem Haus abgestellt. Ich muss mir ja was Ordentliches anziehen, wenn ich heute Abend zur Versammlung gehe. Ach, ein großes Haus mit vielen Fenstern. Da werden schon Leute kommen.

Ich würde nichts hören, wenn ich käme.

Nein. Aber ich will an dich denken, wenn ich dort stehe. Ach, wie froh wäre ich, wenn ich heute Abend wirklich zu Gott fände. Zusammen mit einem alten Freund. Wo wir beide von Hamarøy sind, und Bekannte –

Es war Sommer und Sonnenschein. Wir gingen jeder in seine Richtung, aber ich hatte schon beschlossen hinzugehen. Ich wollte mich an die Tür setzen und zuschauen.

Martin aus Kløttran, du gute Seele, da gehst du. Du hast eine Blüte, die winzige Blüte einer Sünde in dir: deine hoffnungslose Verliebtheit in das Mädchen Alvilde, das nie was von dir wissen wollte. Aber eines Tages wirst du erfahren, dass sie sich mit diesem Mann aus der Gegend verheiratet hat, es gibt keine andere Möglichkeit, du musst es hinnehmen. Und auch dann wirst du zu Gott gehen und sagen, sie habe es nun mal nicht leicht.

Auf dem Heimweg überlegte ich mir alles etwas genauer. Ich hatte keinen anderen Anzug, aber meinen Kragen wollte ich abnehmen für den Fall, dass mich jemand erkannte und sich wunderte, warum ich gekommen war, als tauber Mann. Ich wollte mir ein dunkles Tuch um den Hals binden, und meinen Stab, der zu gelb und hell war, wollte ich in der Ecke stehen lassen.

Er hat diesmal seinen Almanach nicht erwähnt, dachte ich. Auch das ein bekannter Zug, es ging nicht mehr so sehr darum, Leser für den Almanach zu finden, die Zeit war am Schreiber und seinem Werk vorübergegangen, neue Dinge waren geschehen.

Von seiner Torheit konnte ich nicht absehen, die war da, aber ich wollte sie gern seine Einfalt, seine Kindlichkeit nennen. Als er von der Kleinen sprach, die im Gras saß und nie gesündigt hatte, war er ein Heiliger, ein Werkzeug Gottes, er war selbst unschuldig.

Ich hatte keine Mühe, das Versammlungshaus zu finden, an Zäunen und Telefonmasten hingen Plakate mit zwei Namen: Jugendsekretär Simon Trostdahl cand. theol. und Martin Enevoldsen, beide Namen schienen in diesem interessierten Kreis wohlbekannt zu sein. Versammlung heute Abend. Jeder ist willkommen. Draußen und drinnen waren viele Menschen, alle Fenster standen offen, und viele standen draußen und hörten durch die Fenster zu.

Ein kleines Quartett aus der Gegend sang ein Kirchenlied, und der Jugendsekretär begann zu sprechen. Er machte einen guten Eindruck, schien es gewohnt zu sein, nach einer bestimmten Bibelstelle zu unterrichten, und blätterte geschickt eine neue auf, wenn er sie brauchte. Ich kann nicht aufschreiben, was er sagte, es war wohl auch nichts Besonderes, ich hörte nicht und saß nur dabei und schaute zu. Er sprach eine halbe Stunde.

Ich behielt Martin im Auge. Er hörte die ganze Zeit aufmerksam zu und sah glücklich aus. Als der Jugendsekretär schwieg, bewegte er den Kopf hin und her, als verliefe diese Abendversammlung überaus gut, sowohl der Gesang als auch die Ansprache, er hätte es nicht besser treffen können. Er stand auf, faltete die Hände und bewegte den Mund, ich verstand, dass er zu Gott betete, erkannte es daran, dass auch viele andere die Hände falteten und sich beteiligten. Auf diese Weise fand er in die Erbauung hinein.

Er suchte sich keine Bibelstelle, nach der er gehen konnte, und es geschah zufällig, dass er von Zeit zu Zeit die Hand auf die Bibel legte, die auf dem Tisch lag. Aber er bewegte den Mund, also musste er irgendetwas zu sagen haben. Der gute Martin hatte nicht viel gelesen und gedacht, er konnte sich kein Thema suchen und sich darüber auslassen wie andere Prediger, er war unwissend wie die Apostel Jesu. Als religiöse Erfahrung hatte er das große Erlebnis seiner Jugend, als er im Schnee auf einem Berggipfel hockte und ein starkes Licht von oben auf ihn kam. Aber es war kein Licht, es war nicht zu erklären, ein ganzer Himmel kam auf ihn herab, es war Gott.

Er pflegte zu sagen, er rede nicht, dazu habe er nicht die Kenntnisse, er bete nur zu Gott. Es war wohl so, wie er sagte, er hatte seine eigene Art. Ich sah unter den Zuhörern glänzende Augen, auch Taschentücher kamen zum Vorschein, es war nicht ausgeschlossen, dass einige ihn ein bisschen bedauerten, diesen freundlichen, etwas ältlichen Mann, der barfuß im Land umherzog und fast nichts zum Leben brauchte. Wahrhaftig, er war der Mann, der andere im Gebet mitreißen konnte, er lockte die Leute an, sie hingen an seinen Lippen und folgten ihm mit ihren Augen. Einmal sah ich ihn auf ein Bild zeigen, das neben dem Spiegel hing, aber aus der Entfernung konnte ich nicht lesen, was darauf stand. Dann sah ich, wie er innehielt, weil ein paar kleine Kinder nach vorn gegangen waren, er ging sofort auf sie zu und begrüßte sie verwundert und strahlend. Die Mutter hatte sie wohl von ihrem Schoß gelassen, um sie für einen Augenblick los zu sein, aber Martin hatte nichts dagegen, er nahm sie auf den Arm und betete für sie zu Gott und wurde eifrig und hatte rote Wangen.

Ich musste bei allem, was er sagte, ohne den Wortlaut auskommen.

Aber das Ganze insgesamt – ja, was war es? Eine Erbauung, wie man sagte, die Leute hatten einen erbaulichen Abend gehabt. Für sie war das alles lebendige Wirklichkeit, an die sie sich in den kommenden Tagen halten konnten.

Als sie sich draußen voneinander verabschiedeten, kamen sie etwas weltlich wieder auf die Erde zurück, bestellten Grüße an zu Hause und dergleichen. Aber jetzt nahm der Jugendsekretär noch einmal das Wort und wollte noch etwas sagen – mir schien, er habe mich plötzlich entdeckt, und deshalb machte ich mich klein, dort, wo ich stand. Er war ein guter Verkünder, dieser cand. theol., soweit ich es mit meinen tauben Ohren mitbekam, außerdem war er in seiner Art sehr sympathisch.

Die Ungläubigen sagen, es sei ihnen nicht möglich, an das zu glauben, woran wir glauben. Sie sagen, es sei unser Aberglaube oder geradezu unsere Dummheit, was uns zu Gläubigen mache. Und sie zählen viele Dinge aus der Bibel auf, die sie mit dem Verstand nicht begreifen können. Aber, meine Lieben, unter uns gibt es ja Menschen, die den Glauben haben wie wir und die man nicht gerade der Dummheit bezichtigen kann, nicht wahr? Ja, wir kennen große Männer und weise Lehrer, könnten reihenweise Namen nennen, sie stehen nicht einmal hinter Pascal zurück. Wie erklären wir es uns dann, dass diese Frauen und Männer sich hinstellen und in Schrift und Rede genau den Glauben bezeugen, der uns zu Heil und Segen gereicht? Ich behaupte nicht, viel zu wissen, bewahre. Aber diese Frage kann ich in aller Einfachheit erklären. Es ist das Wunder. Wir erlangen diesen festen Glauben und diese Gewissheit in unseren Herzen durch die Führung des Heiligen Geistes. Es ist das Wunder, das aus Gottes Gnade in uns geschieht. Ich weiß nicht, ob ich es gut genug erkläre, aber es ist doch merkwürdig, dass den Ungläubigen ihr eigenes Wohl völlig gleichgültig ist. Ihr guter Verstand sollte ihnen besser raten.

Es wurde mehr und mehr zu einer neuen Erbauung.

Martin war längst gegangen.

• • •

War es im vorigen Jahr oder ist es noch länger her, dass ich als Mensch in Ordnung und bei Kräften war? Ich erinnere mich daran wie an eine Vision. Morgens sprang ich in wunderbaren kleinen Gesundheitszuständen herum, und hatte ich nachts ein wenig geschrieben, hüpfte ich noch mehr herum und dankte Gott für mein Dasein. Das tue ich nicht mehr. Ich bin nicht im Altersheim, um Aufsehen zu erregen.

Im Übrigen weiß ich nicht, wofür ich hier bin.

Zum zwanzigsten Mal eine Neuigkeit über meinen »Fall«: Am 3. Juni las ich in der Zeitung, mein Fall sei jetzt abschließend behandelt und die Akten seien bereits an das Amtsgericht in Grimstad zur Begutachtung geschickt worden. Einige Zeit danach stand in der Zeitung, das Amtsgericht in Grimstad habe keine Akten erhalten, und der Prozess sei auf den Herbst verschoben.

Nach 1947 kommt 48, 49, 50 – 60 –

Ich sehe eine Flagge auf halbmast. Jemand ist gestorben, aber ich bin es nicht. Auch sonst keiner von uns, wir sind sehr dauerhaft. Wir bummeln durch unser tägliches Leben und versteigen uns nicht zu Weitläufigkeiten, nein. Andererseits darf uns nichts entgehen, nicht das Geringste, sonst fangen wir an zu murmeln. Wir passen auf, wer durch die Tür geht, wer sich einen neuen Stab geschnitzt, ein neues Pfeifenmundstück gekauft hat. Wenn wir aber auf das Thema kommen, dass der Nachbarsköter heute Nacht so fürchterlich gebellt hat, dann haben wir viel zu murmeln.

Ich glaube, ich habe erwähnt, dass uns die eine der beiden Schönheiten, die unten saß und Rechnungen schrieb, im vorigen Jahr verlassen hat. Keiner von uns hatte die

Macht, sie zu halten. Aber nun ist wahrhaftig auch die andere gegangen und lässt uns hier zurück. Das war ein Peitschenhieb. Man kann nichts dran ändern, aber eine Schande ist es doch. Beide haben mir immer so schön meine Zeitungen gebracht, und wenn sie wieder gingen, blieb ein rotes Lächeln hinter ihnen auf der ganzen Treppe zurück.

Aber von uns hat sich keiner was vorzuwerfen, wir taten bei den Damen, was wir konnten. Klar, dass wir jüngeren Burschen, die wir nicht mal bettlägerig sind, eine Chance gehabt hätten, aber dann kam dieser Kerl mit seinen 96 Jahren und stand wieder auf und verdarb es uns. Wozu sollte das gut sein! Und er hatte sich einen dicken Wollschal mehrmals um den Hals gewickelt, weil ein bisschen Rot drin war.

Wir sitzen draußen auf dem großen Balkon des ersten Stocks, er steht uns zur Verfügung, wir machen uns breit und rauchen und hantieren mit irgendetwas rum. Wir sind guter Dinge, und der Mund steht nicht still, das Wetter ist so wunderbar, wie wir es noch nie gesehen haben, Wochen und Monate regnet es uns nicht auf den Kopf, das Gras verbrennt, zum Winter wird das Futter knapp, die Gärten schnappen nach Luft, die Kartoffeln blühen nicht.

Aber diese Dinge beschäftigen uns nun nicht mehr so wie vor einigen Menschenaltern, als wir jung waren. Nach den Proben, die wir nun zu sehen kriegen, diskutieren wir über die lange Treppe, die von uns zum Hof runterführt, wie viele Stufen sie hat, wer sie ohne Stab bewältigen, wer zwei Stufen auf einmal nehmen kann. Es gibt recht flotte Burschen unter uns, Jünglinge von siebzig oder achtzig Jahren, die behaupten, sie hätten wieder Sommersprossen auf der Nase bekommen, wie in ihrer Jugend. Einer hatte kürzlich Geburtstag, er hat es geschafft, dass die Leiterin ihm scharfe Bügelfalten in die Hosen machte. Schön. Aber das machte doch böses Blut. Er kam oft mit einer jämmerlich abgenutzten Büromappe mit Patentverschluss an, als sei er in Geschäften hier. Ein Stutzer. Was sollte das, sich mit einer Büromappe schmücken und mit vielen Schlüsseln in der Tasche klimpern? So was schickt sich nicht. Und dann noch blanke Schuhe mitten in der Woche und die Kappe schief auf dem Kopf, obwohl weder Sonntag ist noch sonst etwas.

Gerade muss er mit etwas schwer geprahlt haben, denn die anderen glauben ihm nicht, nein, bewahre, sie schütteln den Kopf und lachen ihm ins Gesicht. Schließlich straft er sie mit Verachtung und geht.

Aber das war nun wieder kein Bruch fürs Leben, durchaus nicht, es war von keiner Seite her böse gemeint. Im Grunde ist der Mann populär, ist unentbehrlich, keiner konnte wie er unglaubliche Dinge wie Erdbeben und Himmelskörper und Atombomben erklären. Als ein Flugzeug auftauchte, konnte er haargenau erklären, wie es innen aussah.

Aber da sind doch gar keine Leute drin?, sagten sie.

Keine Leute?, sagte er. Doch, eine Menge.

Neuer Unglaube: Wir sehen keinen Menschen.

Er schaute zum Flugzeug hinauf: Nach seinem Gewicht auf der Luft zu urteilen, müssten fünfzehn, zwanzig Personen an Bord sein.

Ha, ha, ha, nein, Entschuldigung! Wo sollen die denn sein? Haben sie sich auf den Boden gelegt und zugedeckt?

• • •

Ich weiß, ich sollte niemanden mit meinen Spekulationen und Grillen und Wahrnehmungen quälen, bei anderen will ich auch nichts davon wissen. Aber in meinem Kopf braust es, oder vielleicht im Körper, oder in der Seele, es braust. Es ist keine beginnende Erkältung oder so was, das ich kurieren kann, indem ich mir mehr anziehe oder ausziehe, bewahre, es ist was sehr Engelhaftes, mit vielen Geigen. Ja, haargenau!

Und kurz darauf ist was anderes haargenau. Verse oder Chaos, aber es braust. Eine Plage für mich und andere.

Wenn ich mich selbst leid bin und leer und zu nichts gut, gehe ich in den Wald. Das hilft nicht, aber es macht es auch nicht schlimmer. Ich höre das Rauschen im Wald nicht mehr, aber ich sehe, wenn die Zweige schwanken, schon darüber kann man froh sein. Diesen Platz habe ich für mich, den Platz, den mein Freund Martin von Hamarøy ausfindig gemacht hat. Es ist eine Art Loch oder Höhle unter einem Felsvorsprung, auf dem Boden etwas Gras und Heide. Hier kann mich niemand von hinten überraschen und sehen, was ich tue. Das ist viel wert für einen, der nicht hört.

• • •

Du hast so breite Hände, so breit ist deine Hand,
du bist der schlichten Arbeitsfrauen eine.
Ich sah dich auf dem Feld und sah dich auf dem Land,

du mähtest Korn, knüpfst Garben mit dem Band,
und beim Kartoffelernten glich dir keine.

Du liest kein Buch und dichtest keinen Gruß,
doch keine ist wie du – zu deinen Zeiten.
Dann bist du ohne Gottesfurcht ganz irdisch unbewusst
ins Jetzt vertieft, die Sinne wie im Fluss
versunken in des Lebens Herrlichkeiten.

Vergolden sah ich schaffend dich die Zeit,
du wurdest Mutter und zugleich die Amme,
du flicktest, bautest, schufst Geborgenheit.
Dir, beste aller Frauen, Gottes Friede zum Geleit,
Du hast so breite Hände, dein schönes Haar ist weiß,
Dein Lächeln ist noch immer eine Flamme.

• • •

Ich fand das nach einer Weile gar nicht so schlecht, wirklich. Andere können's auch nicht besser. Aber natürlich werde ich am Ende ausschweifend, übernehme mich, habe Zeilen übrig und muss sie unbenutzt lassen. Ich bin kein Robert Burns. Ach, ich kenne das, am Ende habe ich zu viel oder zu wenig und bin niedergeschlagen und verzweifelt und reiße das Gras hier vor mir mit den Wurzeln aus. Nun wird Arild auch dies mit der Maschine abschreiben und es aufnehmen oder verwerfen, ganz wie er meint. Mir ist es egal. Ich bin es gewohnt, meine Zettel wegzuwerfen, habe es jahrelang getan, wegwerfen und in Gnaden wieder aufnehmen und wieder wegwerfen. Bei diesen letzten Versen habe ich drei Tage lang in meiner Höhle gesessen und weggeworfen und wieder in Gnaden aufgenommen. Und ich musste aufpassen wie ein Schmied, wenn schöne, aber unzugehörige Strophen alles über den Haufen werfen wollten.

Wir sitzen zusammen, einige Kameraden. Ich habe gerade eine Sammlung Reimereien herausgegeben und habe es glücklich vermieden, etwas darüber zu hören. Aber dann kommt Daniel rein und sagt: Deinen Versen fehlt das Köstliche! Er glaubte wohl, das sei mir neu. Aber das war es nicht. Er hatte ja so recht. Und nicht nur das Köstliche fehlte, sondern auch eine Menge anderes, der ganze Firlefanz. Ich sehe es bei anderen, und ich bin imstande, gerührt zu sein und innerlich zu weinen bei den Versen anderer, aber selbst kann ich keine machen. Mir wird so manche gute Gabe von oben zuteil, aber ich reflektiere sie in Grund und Boden. Es genügt schon, dass ich daran rühre, am Blütenstaub fingere.

Ich erinnere mich nicht, ob es Kønig war oder ein anderer, der mir zuredete, die Sammlung herauszugeben, aber es war auf jeden Fall dumm von mir. Daniel hatte nicht unrecht, nur wollte er zu sehr Aristokrat sein. Er sei sein ganzes Leben lang Oberklasse gewesen, sagte er. Jeder hat seine Last zu tragen, er hatte diese. Jetzt ist er sicher tot.

Und ich gehe in den Wald und dichte Verse, obwohl ich nicht dazu tauge. Das ist meine Art von Angeberei. Wegen der Sammlung bin ich böse auf mich selbst, aber sie lässt sich nicht ungeschehen machen. Sollte sich jemand die Mühe machen und sie genau durchsehen, wird er wohl ein gelegentliches Aufblitzen finden, mehr aber nicht. Und ich erinnere mich auch, wie gleichgültig sie mir war, ich wählte nicht aus, nahm einfach ein paar Blätter und legte sie in einen großen Umschlag und schickte sie an Kønig.

Einige Jahre später stand ich in einem Hotelkeller in Bodø und verbrannte alles, was ich an Versen hatte. Das war's. Aber Verzeihung, viele Jahre später stand ich in einem Hotelkeller in Hønefoss und verbrannte zum letzten Mal Verse. Ich erinnere mich nicht mehr, wie die Wirtsleute hießen, aber sie halfen mir, das Feuer zu schüren. Sela, sagt David.

Nun will ich damit nicht andeuten, dass ich so viel Überschuss habe. Nein, nein. Aber was ich verbrannte, war vermutlich weder besser noch schlechter als jene Sammlung. Und im Übrigen – die ganze Reimerei hat mich ja gefesselt und mir auch Freude gemacht, während ich damit beschäftigt war. Es waren oft gute Stunden, gelegentlich blitzte was auf.

• • •

Im Sommer stand in *Verdens Gang*, meine Sache solle im September verhandelt werden. Drei Tage später stand in einer anderen Zeitung, sie komme nicht im September vor Gericht. Niemand weiß was, aber allen macht es Spaß, darüber zu schreiben. Warum schweigen sie nicht von mir und meiner Sache?

Immer der gleiche Sonnenschein, immer die gleiche Dürre. Ich mache meinen täglichen Ausflug und sehe zu, wie alles verbrennt. Es ist ein schlimmes Wunder. Der Wald leidet und muss sicher teilweise verpflanzt werden, die Heide hat keine Blüten für die Bienen. Hat es das schon mal gegeben? Die Bienen stürzen sich auf ihre alten Stellen, sehen sich um, summen ein bisschen und fliegen wieder nach Hause.

Ich komme an einen Abgrund am Weg. Ich scheue diese unheimliche Stelle und halte mich am obersten Rand. Hier ist über lange Zeit Kies und Kehricht und Abfall aller Art hinuntergerutscht, an der schlimmsten Stelle auch der Kantstein. Gut. Aber auf dem Rückweg muss ich am äußersten Rand entlang und mein Leben riskieren. Es ärgert mich, dass ich so schwindlig bin und ängstlich und ein geborener Feigling, und diesmal nehme ich mir vor, stehen zu bleiben und hinunterzusehen. Ich schaudere und schwimme, aber ich will mich zwingen, noch ein bisschen näher zu treten und hinunterzusehen.

Jawohl, es war zu viel –

Es war nicht gefährlich, ich kam nicht ins Rollen, sondern rutschte feige auf dem Rücken den Abhang runter, dann blieb ich liegen.

Ach, es war ganz und gar nicht gefährlich, ich sah mich um. Von hier aus, wo ich saß, war es nicht mehr so ewig tief runter in den Abgrund, nicht so bodenlos tief, ich belächelte den See, der tief unten lag, verachtete ihn ein bisschen, übersah ihn. Es war ein Zufall, dass ich hier gelandet war, und ich hatte nicht vor, den Zufall siegen zu lassen, ich tat, als sei ich sehr damit beschäftigt, im Müll zu wühlen, es gab interessante Dinge hier, Drahtenden und Knochen und eine tote Katze und Blechdosen. Wenn oben auf dem Weg ein Fahrzeug hielt, sollten sie nur nicht glauben, ich sei abgerutscht, ich würde ihnen zeigen, dass ich etwas suchte, einige wichtige Zettel, die mir aus der Hand geweht waren.

Ein Papier ragt aus dem Haufen heraus, der Zipfel einer Zeitung. Ich versuche, die ganze Zeitung herauszuziehen, aber es misslingt, ich halte nur einen abgerissenen Fetzen in der Hand. Da ich meine Brille nicht bei mir habe, kann ich nicht lesen, was draufsteht, aber es scheint gotische Schrift zu sein, also ein Lokalblatt. Ich stecke den Fetzen ein.

Nun gilt es, wieder nach oben auf den Weg zu kommen. Falls dort einer steht, will ich ihm nicht den Spaß gönnen, mich den Abhang raufkrabbeln zu sehen, ich segle am Wind, ich kreuze. Oh, der Ausflug war nicht vergeblich, ich habe eine Beute in der Tasche, der Zufall hat nicht gesiegt.

Ich komme ein bisschen erschöpft am Heim an, aber das geht keinen was an. Natürlich hätte die Beute auch reicher sein können, aber das ist nicht der Rede wert. Vielleicht war sie ja gar nicht so schlecht, wenn ich sie erst einmal untersucht hatte. Es war ein Zeitungsfetzen ohne Anfang und Ende, ein längerer Text, aber so unglücklich abgerissen, dass er keinen Sinn ergab. Soweit ich verstand, handelte es sich um einen Mann und eine Frau, die ein trauriges Leben zusammen führten, eine ziemlich banale Affäre aus dem Künstlerleben. Ich hätte den Fetzen wegwerfen können, aber ich wollte was dafür wiederbekommen, dass ich ihn nach Hause getragen hatte. Jedenfalls hatte ich nicht vor, ein Drama aus der Geschichte zu machen. Da saß ich und hatte Macht und konnte tun, was ich wollte. Ich konnte einfach Frieden stiften zwischen diesen beiden Menschen, diesen

Dummköpfen. Dazu hatte ich die Macht. Geht nach Hause und vertragt euch!

• • •

Kannst du nicht endlich das Kind zur Ruhe bringen?

Nein, du hörst es doch.

Das ist nun die Hilfe, die ich von dir bekomme!

Versuch doch selbst, sie zu beruhigen.

Ja. Aber ich muss unbedingt diese elende Zeichnung fertig machen. Du weißt, das sind fünfundzwanzig Kronen.

Das ist noch nicht mal genug für die Miete.

Ach – mit dir kann man einfach nicht reden. Du widersprichst sofort und machst mich nieder.

Wie lange sitzt du nun schon an dieser Zeichnung?

Seit vorgestern. Und jetzt gehe ich.

Das tust du nicht. Ich muss mit der Wäsche losgehen.

Dann geh doch auch.

Ich lass die Kleine doch nicht allein hier. Und jetzt soll ich noch eins kriegen!

Das ist nicht zu ändern.

Ich hab bald alles satt.

Das geht dir nicht allein so.

Ja, aber – noch ein Kind. Und ich bin so jung.

Hör zu, Olea, vielleicht bekäme ich mehr, wenn ich mit der Zeichnung zu einer anderen Zeitung ginge.

Vielleicht.

Aber sie ist nicht fertig.

Dann setz dich doch hin und mach sie fertig. Ich versuche, sie zu beruhigen.

Gut. Ich mache das Haupt des Johannes auf der Schüssel weg. Das war sowieso nicht gut.

Nein.

Was weißt du davon? Aber ich mache es weg.

Dann hast du vielleicht Platz für einen kleinen Stall und eine Krippe.

Was!!

Pst, pst, du hast sie erschreckt.

Bist du verrückt, Olea!

Ich meine, nur in einer kleinen Ecke. Am Rand.

Ha, ha, ha. Das hier ist doch im Palast des Königs. In Jerusalem.

Ja, davon weiß ich nichts, aber es war schön so. Viele Farben. Es könnte in eine Weihnachtszeitung passen.

Olea, du bist mein Tod. Hast du Weihnachtszeitung gesagt?

Ja.

Daran habe ich nicht gedacht.

Nein, du denkst an gar nichts. Du zeichnest nur und streichst wieder aus.

Ich kriege es nicht so hin, wie ich es haben will. Ich bin Künstler.

Ja. Und ich wasche.

Ach, in der Laune bist du. Aber schon wieder eine Weihnachtszeitung –

Die bezahlen am besten.

Du hast völlig recht. Wo ist der Radiergummi?

Woher soll ich das wissen.

Stimmt. Hier ist ja nur ein Zimmer für alles. Und da soll man nun sitzen und schuften.

Das ist doch nicht meine Schuld, Frode.

Sei still. Ist dir klar, dass ich den ganzen Palast ausradieren muss?

Nein. Übertreib nicht schon wieder. Er hat so viele schöne Farben.

Das stimmt, ich kann ein bisschen stehen lassen für den Stall. Stör mich nicht, lass mich einfach weitermachen. Tu mir den Gefallen und geh einen Moment mit ihr auf den Flur. Ich rufe dich dann. – Komm her. Sieh hier, da ist der Stall und die Krippe.

Das ist wie im Leben.

Ja, nicht wahr. Aber es ist alles völlig verkehrt. Du wirst es sehen. Es ist doch im Palast, mit einem Gewimmel von Menschen. Herodes' Tochter tanzt.

Ja, ich weiß.

Gar nichts weißt du. Und all diese Menschen, dieses Gewimmel. Könige und Fürsten und Hauptleute, über zehntausend.

Ja, lass sie doch stehen. Es heißt, sie hatten keinen Raum in der Herberge. Au, stopp! Du hast ja auch Herodes' Tochter ausradiert.

Jawohl. Weg mit ihr.

Das hast du früher nicht gesagt, dass ich weg soll.

Was ist los, weinst du?

Du hättest mich in Ruhe lassen können. Ich bin dir nicht nachgelaufen.

Aber Olea, mein Schatz, du kannst doch nicht vor dem Stall tanzen.

Kann ich wohl.

Na gut. Mit dir werde ich mich nie über meine Kunst einigen. Aber ich mache ein anderes Bild von dir, fast ohne alles, nur ein bisschen Flor und viel Schmuck.

Das wird nicht so schön wie dieses hier.

Viel schöner. Du kennst mich noch nicht, ich kann Edelsteine zum Brennen bringen, lichterloh. Du bekommst eine dreifache Kette um den Hals. Aber lass mich jetzt weitermachen und mit dem Weihnachtsbild fertig werden. Eigentlich müsste ich eine neue Zeichnung machen, aber dazu ist keine Zeit, und außerdem sind auf dieser so viele schöne Farben, wie du sagst. Das hast du gut gemacht, du hast sie beruhigt.

Sie ist eingeschlafen. Dreifache Kette, nein, das ist eine Übertreibung. Aber große Ohrringe möchte ich haben, die herabhängen.

Jetzt zeichne ich hier einen Esel hin.

Wenn ich nur nicht zu dick werde. Jetzt kriege ich ja noch eins.

Nein, nein. Verlass dich auf mich. Ich bin Künstler.

Mich auf dich verlassen? Nein, Entschuldigung.

Dann tu doch, was du willst.

Nun streiten wir wieder.

Ich weiß nicht, was du tust, aber ich bin fleißig und schufte. Ich schufte früh und spät.

Ja. Und ich schufte mit meiner Wäsche, von der wir leben.

Olea, dein Maul ist so groß, wie du klein bist. Jetzt

zeichne ich eine einfache Familie, die soll da bei dem Esel sein.

Ich will nichts mehr sehen.

Ich verstehe nicht, warum du so böse bist. Ich habe doch nicht all die Zuschauer ausradiert, die dir beim Tanzen zusehen sollen, im Gegenteil, es wimmelt stellenweise von Menschen. Und drei von den Fürsten lasse ich in all ihrer Pracht stehen, sie können die Weisen aus dem Morgenland sein. Du wirst schon zufrieden sein. Jetzt bin ich wirklich gut im Gange und habe mich an der Aufgabe erwärmt.

Ja, ja, ich gehe jetzt mit der Wäsche.

Nein, warte einen Moment. Ich will nur ein paar Büsche und Libanonzedern hinzufügen. Daran hast du nicht gedacht. Du müsstest vierzig für dieses große Bild bekommen können.

Ich?

Ja, du bekommst sicher mehr als ich. So war es doch immer. Denn ich bin zu stolz, um mir das Geschwätz dieser Zeitungsleute anzuhören. Versuch es beim Stern von Bethlehem, Olea. Ich trage lieber die schwere Wäsche für dich, du Arme.

Ja, wenn du willst.

Ja, das will ich. Denn ich bin doch dein lieber Frode, weißt du.

• • •

Ich habe in diesen Papieren über vieles schreiben wollen, habe es aber nicht getan. Ich hatte gute Gründe, das

Schlimmste zu befürchten und lieber zu schweigen. Unser Leben und unsere Zeit sollen meinetwegen ihren Gang gehen, alles mag meinetwegen seinen Gang gehen. Hier sitze ich.

Gestern haben wir hier halbmast geflaggt. Ich war es nicht, der gestorben ist, sondern ein Mann mittleren Alters, sechsundfünfzig, und es war kein sogenannter Unglücksfall, sondern ein alltäglicher und gewöhnlicher Krebs. Das ist gleichgültig. Auch er hatte wohl seine Pläne, aber dann wurde er angehalten.

Und wir ausgedienten Alten zünden unsere Pfeifen an und pusseln weiter mit unseren Dingen.

Mir fällt ein, dass ich in einer Zeitung »snekker«* gesehen habe. Was ist snekker? Das ist natürlich kein Wort, es ist nichts, es steht nur da. Es ist so abgenutzt und leer, dass es nichts mehr von seiner ursprünglichen Bedeutung hat, am Ende ist es nur noch eine Erfindung von Zeitungsschreibern. Um snekker ist es schade, dem Wort war einmal mehr zugedacht. Und nun will ich selbst eine Erfindung machen und snekker restaurieren. Es kostet mich nur ein Wort – wenn es eines ist: Snididkar. Da steht es. Warum sollte Snididkar* nicht ein Wort sein. Beide Teile sind jedenfalls durchaus nordisch, und zusammen führen sie snekker eine herrliche Fülle von Vernunft und Bedeutung zu. Ich bin nicht immer so glücklich gewesen mit meinen Erfindungen.

Ich habe sicher das Wort »man« benutzt und tue es guten Herzens. Ich weiß nicht, ob es nicht eigentlich deutsch ist, aber für uns ist es ein unentbehrliches Wort. Nur die Zeitungsschreiber können es entbehren, sie schreiben stattdessen »en«*. Ich habe nie so was Leeres und Hilfloses wie dieses »en« gesehen, aber »to«* kann ich auch nicht sagen.

Ich habe in der Zeitung »Sjalu«* gesehen, Sjalusimord*. Das ist weder norwegisch noch französisch, soll aber einen Begriff, einen Gemütszustand decken. Wir haben für diesen Begriff ein wunderbares Wort, nämlich unser »Skinsyke«*. Ich erinnere mich, dass Hjalmar Falk es Skindsyke buchstabiert wissen wollte – und warum? Weil die Lappen in Nordschweden ein »Kalvskind«, ein gegerbtes Kalbsfell, benutzen, wenn sie freien. Ach, dieser Falk, wenn der Sprachphilosophie auf eigene Faust betreibt, ohne Torp zu Hilfe zu nehmen. Die Schweden selbst haben sich um das Kalbsfell nicht geschert, sie haben »Svartsjuka«* für den Begriff. So wie wir Skinsyke, Skindød*, Skinhellig*, Skinliv*, Skinfektning* haben. Sjalusi ist nichts, weder hier noch dort. Nur eine Erfindung.

Übrigens – alles in allem ist es vielleicht furchtbar gleichgültig, wie wir die Sprache benutzen. Solange wir uns mit ihr behelfen können.

Diese Idee vertrat Ol'Hansa, und er war der Mann, sie zu erklären. Selbstlaut und Mitlaut zum Beispiel, sagte er, was sollen wir damit, wenn wir uns so behelfen können. Wind ist das, nichts als Wind, wie der Prediger in der Bibel sagt. Ol'Hansa hat eine Menge Bücher gelesen und kennt sich in vielen Dingen und Wissenschaften aus, alles was recht ist. Er hatte einen kleinen Hof und ein Stückchen Land und ein paar Tiere, das genügte ihm und den Seinen, kein Überfluss, aber auch keine alltägliche Not und keine Schulden auf dem Kramladen.

Er kam gut zurecht. Er war Journalist, wenn sich die Gelegenheit bot, und griff gern zur Feder, und außerdem war er ein großer Erzähler und Schwadroneur, wir hörten ihm manchen Abend zu. Seine Lebensweisheit lief darauf hinaus, dass wir Menschen uns zu viel Mühe geben, alle möglichen überflüssigen Dinge zu lernen, die wir dann später behalten sollen. Lasst die Dinge, wie sie sind, sie kommen schon von selbst in Ordnung. Er war wohl nicht immer ganz sicher in der Logik, aber die Logik, sagte Ol'Hansa, die ist auch nicht immer so unbedingt notwendig. Ich kann es beweisen, sagte er.

Gut, sagten wir, fang an.

Mein Nachbar kam zu mir und wollte eine Kuhglocke leihen. Die bekam er. Aber er brachte die Kuhglocke nicht zurück, und nach einem oder zwei Jahren brauchte ich sie selbst für eine neue Kuh, die ich bekommen hatte. Schließlich ging ich hin und bat ihn, mir meine Glocke wiederzugeben.

Ich bin ein armer Mann, sagte mein Nachbar und weinte beinahe.

Her mit der Glocke, sagte ich.

Ja, aber mein Gott, hörst du nicht, was ich sage, sagte er.

Wo war da die Logik?

Ich ging in seinen Kuhstall und suchte die Glocke. Da, ich fand sie, sie hing an einem Nagel und war tot, der Klöppel war weg.

Ich stand da und überlegte. Mein Nachbar hatte sich ohne Logik verständlich gemacht, er glaubte, ich würde wegen der Kuhglocke vor Gericht ziehen. Da musste ich beinahe weinen. Ich hatte diesen Mann ganz wunderbar in der Hand, benutzte es aber nicht und schrieb nicht in den Zeitungen über ihn. Wäre mir nicht eingefallen, ich war im Gegenteil tief gerührt.

Ja, du bist ein selten guter Mensch, Ol'Hansa, das wissen wir. Aber wie war das mit Selbstlaut und Mitlaut, damit hast du angefangen?

Na gut. Aber das geht ganz in meine jungen Jahre zurück, weit unter zwanzig, ich war ein Junge. Wenn man in dem Alter nach Selbstlaut und Mitlaut gefragt wird, wird man blass und weiß es nicht. Es gehört zum Verzwicktesten, was einem passieren kann. Man hat es gehört und gelernt, aber wenn man schließlich antwortet, braucht nur einer ein bisschen den Kopf zu schütteln, das genügt, man wackelt und sagt genau das Gegenteil.

Lass hören.

Ich war auf meinen Wanderungen nach Gildeskaal in Salten gekommen und bewarb mich um eine Stelle beim Lensmann. Die bekam ich nicht. Ich sah mich ein bisschen in der Gegend um und kam zu einem Hof namens Indyr. Während wir dort in der Stube saßen und uns unterhielten, kam die Pastorsfrau herein. Sie war jung und schön, alle begrüßten sie herzlich und führten sie an ihren Platz. Ich stand auf und wollte gehen.

Heißen Sie Ole Hansen?, fragte die schöne Frau.

Ja. Ich verbeugte mich.

Der Pastor möchte mit Ihnen sprechen, sagte sie. Sie sah mich an und wurde rot, weil sie diese Nachricht überbrachte und jung war.

Ich ging am nächsten Tag zum Pastor und fand ihn auf einer Bank vor dem Haus, er trug einen großen Strohhut, und sein Bart war grau. Wir brauchen gerade einen Lehrer in der und der Gegend, sagte er, könnten Sie es auf sich nehmen, ein bisschen Schule zu halten?

Ja, sagte ich.

Er ließ mich eine Stelle im Neuen Testament aufschlagen und beobachtete aus den Augenwinkeln, wie schnell ich sie finden konnte.

Als ich ein Stück gelesen hatte, sagte er: Sie sind es gewohnt zu lesen. Wann sind Sie konfirmiert worden?

Vor drei Jahren.

Die Gebote wissen Sie natürlich noch. Wie viele Gebete gibt es im Vaterunser?

Im Vaterunser?

Gut, Sie meinen, es ist ein einziges Gebet, und das ist auch richtig. Können Sie rechnen? Neun mal neun. Sieben mal sechs. Sie sollen den Kindern ja hauptsächlich das Christentum beibringen. Können Sie schreiben? Hier ist Papier und Bleistift, wollen mal sehen, schreiben Sie das Wort Helliggjørelse*.

Ich schrieb Helligjørelse.

Die Buchstaben sind nicht schlecht, aber Sie haben ein g vergessen. Nein, mein lieber Ole Hansen, Sie können nicht genug. Der Pastor wollte aufstehen.

Um mich einzuschmeicheln, schrieb ich mehr auf das Papier und zeigte es ihm, verschiedene wirklich lange Wörter.

Aber der Pastor wollte kaum hinsehen, er wehrte ab. Sie

schreiben so verkehrt, sagte er, Sie buchstabieren so fürchterlich falsch.

Um Vergebung, sagte ich.

Es rührte ihn wohl, dass ich um Vergebung bat, er ließ mich also nicht ganz fallen, sondern fragte nach Einzahl und Mehrzahl, Konsonanten, Satzzeichen.

Ich antwortete, wie es sich traf, ich wusste nichts.

Selbstlaut und Mitlaut, sagte er.

Es war schrecklich, ich traf genau das Falsche. Er sammelte schnell seine Sachen zusammen, winkte mit seinem großen Hut, sagte danke und ging.

Ich saß einen Augenblick da, dann schlich ich mich weg. Ich sah zu den Fenstern hinauf und war ein geschlagener Mann, nein, Hund. Jetzt ging er natürlich in sein Haus und erzählte das Ganze seiner Frau. Sieh dir das an, sagte er vielleicht, da kannst du sehen, wie er buchstabiert. Schlimmer geht's nicht. Und Selbstlaut und Mitlaut kennt er überhaupt nicht.

Nein, das wusste ich nicht. Es machte mir auch nichts aus, kein Mensch braucht das zu wissen. Ich nannte Mitlaut und Selbstlaut in umgekehrter Reihenfolge, aber das machte mich nicht froher und glücklicher, machte mich nicht die Spur herrlicher in meiner Seele, also konnte ich auch darauf spucken. Wozu sollte der Quatsch gut sein? Das war Wind. Und der Pastor selbst hatte eine scharfe und unfreundliche Stimme, er schüchterte mich ein. Daae hieß er übrigens, soweit ich mich erinnere.

Ja, aber Ol'Hansa, ich verstehe nicht –

Worauf ich hinauswill? Aber ich verstehe es. All diese

überflüssigen Dinge, die wir lernen und dann fürs ganze Leben behalten sollen. Sieh dir die Zeitungsschreiber an, wie die es machen. Sie brauchen dieses Papageienwissen nicht, sie behelfen sich so und werden verstanden. Heute habe ich ein Wrack von einem Lehnstuhl gesehen, es hat einem alten Rektor gehört, der saß darin, bis er starb. Er hatte sein kostbares Paukerwissen siebzig Jahre lang in Schuss gehalten, jetzt verkauften seine Kinder seinen Lehnstuhl.

• • •

Hier bin ich nun ein witziger Hund gewesen. Habe die Zeitungsschreiber, Ol'Hansa und mich selbst gut vermischt. Sodass keiner von ihnen was zu meckern hat.

• • •

Die Zeit vergeht, Schnee und Winter sind gekommen. Hier halte ich ein. Niemand weiß, wie lange ich hier gesessen und nachgedacht habe, aber ich bin nicht weitergekommen. Ich dachte, ich könnte was Ausgezeichnetes und Treffendes über Schnee und Winter sagen, aber das gelang mir nicht. Kann ja auch egal sein. Ich wachte eines Morgens auf und fand Schnee und Winter, das ist alles. Ach, alles ist es nicht, Schnee und Winter sind ein Übel für mich.

Dass es eine Jahreszeit gibt, so völlig einzigartig in ihrer Entsetzlichkeit. Das junge Mädchen erwähnt sie mit klappernden Zähnen, die weise Ameise flieht metertief in die Erde, um ihr zu entkommen. Ich leide keine Not, habe gute

Schuhe bekommen, aber gestern las ich ein Telegramm aus den Hungergebieten, es handelte von Kindern ohne einen Krümel Brot, von Kindern, die am Körper ihrer Mutter aufgetaut werden mussten, weil sie sonst erstarrt wären.

Und dazu kann der Mensch nichts sagen und keine eindringlichen Fragen stellen. Dort drüben stehen die Berge in ihrer Wucht ganz für sich, der Wald ist tot wie Stein und zuschanden, alles schweigt zu allem, der Schnee liegt weiß und freundlich da, der Frost weist alle Ebenbürtigkeit ab und lässt den Menschen nicht zu Wort kommen.

Die Zeit vergeht.

Meine »Sache« liegt immer noch in ferner Zukunft. Der Repräsentant des Wiedergutmachungsamtes kann nicht mehr tun, als er tut, er teilt in kurzen Abständen öffentlich mit, dass die Sache – nein, immer noch nicht »anberaumt« ist. Im Oktober hofft er, sie werde »im Herbst« verhandelt. Auch im November hofft er ein paar Zeitungen gegenüber, die Sache »im Herbst« zur Verhandlung bringen zu können. Im Herbst!, sagt er. Man beabsichtigt, sie überwintern zu lassen.

Der Repräsentant wird jedoch von einer Person angerufen, deren Stimme man nicht gut überhören kann. Sie wechseln einige wenige Worte und einigen sich, meine Sache nicht länger aufzuschieben. Ich werde auf den 16. Dezember im Jahr 1947 anberaumt. Eine Woche vor Weihnachten.

Ich verkünde die Nachricht, was geschehen ist, in meinem Altersheim, nein, ich renne von einem zum anderen und erzähle die Neuigkeit.

• • •

Der Tag ist gekommen. Die Verhandlung ist eröffnet.

Da ich nicht höre und meine Sehkraft im letzten Jahr stark geschwächt ist, bin ich etwas verwirrt, ich komme in einen dunklen Gerichtssaal, muss mir helfen lassen, um mich zurechtzufinden, erkenne nur einzelne Dinge. Dann spricht der Staatsanwalt, dann antwortet meine Verteidigerin, die vom Gericht bestellt worden ist. Dann gibt es eine Pause.

Ich habe von den Vorgängen weder etwas gehört noch gesehen, aber ich bin ruhig und erkenne ringsherum immer mehr. Nach der Pause bekomme ich das Wort zu einer Darstellung meiner Sache. Das fällt mir etwas schwer in diesem schlechten Licht, man gibt mir eine Lampe, mit der ich jedoch nicht sehe, ich halte ein paar Notizen in der Hand, versuche aber nicht mehr, herauszufinden, was da steht. Das konnte ja auch egal sein. Was ich sagte, folgt hier nach dem stenografischen Protokoll.

• • •

»Nun, ich werde die Zeit des geehrten Gerichts nicht sehr lange in Anspruch nehmen.

Ich war es nicht, der vor langer, langer Zeit, vor Jahr und Tag, in der Presse mitgeteilt hat, jetzt werde mein Sündenregister aufgerollt. Es war ein Mann aus dem Wiedergutmachungsamt, er war daran beteiligt, ein Rechtsanwalt zusammen mit einem Journalisten. Im Übrigen ist mir das ganz recht. Ich habe vor zwei Jahren in einem langen Brief an den Generalstaatsanwalt geschrieben, dass ich alles, was mich und meine Angelegenheiten betrifft, erklären werde. Jetzt ist die Gelegenheit gekommen, und ich will das Meine dazu beitragen, dass mein Sündenregister ordentlich und moralisch aufgerollt wird.

Ich habe in den vergangenen Jahren Leute genug gesehen, die im Gericht gestanden und sich sehr geschickt und nach Herzenslust mit Prozessbevollmächtigten und Rechtsanwälten und Prokuratoren verteidigt haben, und es hat ihnen doch nicht viel genützt. Das Urteil wurde insgesamt wenig davon beeinflusst. Meist ging es nach dem Antrag des Staatsanwalts, dem sogenannten Antrag. Das ist ein mystischer Begriff, auf den ich mich nicht verstehe. Ich will darauf verzichten, hier und jetzt geschickt zu sein.

Ich habe im Übrigen um Entschuldigung zu bitten für meine Aphasie, die macht, dass meine Worte, die Ausdrücke, die ich in der Eile wähle, leicht einmal meine Absicht überschreiten oder auch unterschreiten können.

Ich habe übrigens schon auf alle Fragen geantwortet, soweit ich sehe. Es fing damit an, dass plötzlich Polizisten aus Grimstad mit Papieren zu mir kamen, die ich im Übrigen nicht las. Dann folgte vor zwei, drei oder fünf Jahren das Untersuchungsgericht. Es ist so lange her, dass ich mich an nichts erinnere, aber die Fragen habe ich beantwortet. Dann kam die lange Zeit, als ich in einer Anstalt in Oslo eingesperrt war, wo es herauszufinden galt, ob ich geisteskrank war, oder vielleicht galt es vor allem herauszufinden, *dass* ich geisteskrank war, und wo ich auf alle möglichen idiotischen

Fragen antworten musste. Ich kann es jetzt also nicht klarer machen, als ich es schon die ganze Zeit gemacht habe.

Was mich fällen, was mich niederwerfen soll, sind einzig und allein meine Artikel in den Zeitungen. Etwas anderes kann man mir nicht vorwerfen. Insofern ist meine Rechnung einfach und klar. Ich habe niemanden angezeigt, habe nicht an Versammlungen teilgenommen, war nicht mal in Schwarzhandelsgeschäfte verwickelt. Die Frontkämpfer haben nichts von mir bekommen und auch sonst keine Leute der NS, wo ich angeblich Mitglied gewesen sein soll. Also nichts. – Ich bin kein Mitglied der NS gewesen. Ich habe versucht zu verstehen, was NS ist, habe versucht, mich damit vertraut zu machen, aber dabei ist nichts herausgekommen. Es kann jedoch gut sein, dass ich hin und wieder im Geiste der NS geschrieben habe. Ich weiß es nicht, denn ich weiß nicht, was der Geist der NS ist. Aber es ist gut möglich, dass ich im Geiste der NS geschrieben habe, dass also aus den Zeitungen, die ich las, etwas in mich eingesickert ist. Auf jeden Fall stehen meine Artikel ja vor aller Augen. Ich versuche nicht, sie zu reduzieren, sie geringer zu machen, als sie sind, es ist so schon schlimm genug. Im Gegenteil, ich stehe nach wie vor für sie ein, wie ich es immer getan habe.

Ich bitte, betonen zu dürfen, dass ich in einem besetzten Land lebte und schrieb, in einem eroberten Land, und ich will in diesem Zusammenhang einige ganz kurze Informationen über mich selbst geben:

Uns wurde vorgespiegelt, Norwegen solle einen hohen, einen hervorragenden Platz in der großgermanischen Weltgesellschaft einnehmen, die im Entstehen war und an die wir alle glaubten, mehr oder weniger, aber alle glaubten daran. Ich glaubte daran, deshalb schrieb ich so, wie ich es tat. Ich schrieb über Norwegen, das jetzt einen so hohen Platz unter den germanischen Ländern Europas erhalten sollte. Dass ich in etwa entsprechendem Maße auch über die Besatzungsmacht schreiben musste, sollte ehrlich und redlich zu verstehen sein. Ich konnte mich ja nicht selbst der Gefahr aussetzen, verdächtigt zu werden – was übrigens paradoxerweise tatsächlich doch geschah. Ich war in meinem Haus die ganze Zeit von deutschen Offizieren und Mannschaften umgeben, sogar nachts, ja, oft auch in der Nacht, bis zum hellen Morgen, und zuweilen musste ich den Eindruck haben, von Beobachtern umgeben zu sein, von Leuten, die mich und meinen Haushalt kontrollieren sollten. Von relativ hoher deutscher Seite wurde ich zweimal (wie ich mich jetzt erinnere), zweimal darauf hingewiesen, dass ich nicht so viel ausrichte wie gewisse namentlich genannte Schweden, und man erinnerte mich daran, dass Schweden ein neutrales Land sei, was Norwegen ja nicht war. Nein, man war nicht besonders zufrieden mit mir. Man hatte mehr von mir erwartet, als man bekam. Wenn ich also unter diesen Umständen, in diesen Verhältnissen lebte und schrieb, wird man verstehen, dass ich bis zu einem gewissen Grade balancieren musste als der Mann, der ich war, mit dem Namen, ich musste zwischen meinem Land und dem anderen balancieren. Ich sage das nicht, um mich zu entschuldigen oder zu verteidigen. Ich verteidige mich überhaupt nicht. Ich gebe es als Erklärung, als Information für das geehrte Gericht.

Und niemand sagte mir, dass es falsch sei, was ich schrieb, niemand im ganzen Land. Ich saß allein in meinem Zimmer, ausschließlich auf mich selbst gestellt. Ich hörte nicht, ich war sehr taub, man konnte sich nicht mit mir abgeben. Von unten wurde ans Ofenrohr geklopft, wenn ich zum Essen kommen sollte, das Geräusch hörte ich. Ich ging runter, bekam mein Essen und ging wieder auf mein Zimmer und setzte mich hin. Monate, Jahre, all die Jahre war es so. Und nie wurde mir ein kleiner Wink gegeben. Ich war ja kein Flüchtling. Ich hatte einen Namen, der ein wenig bekannt war im Lande. Ich glaubte, in beiden norwegischen Lagern, bei den Quislingen und bei den Jøssingern, Freunde zu haben. Aber nie wurde mir ein kleiner Wink gegeben, ein kleiner guter Rat aus der Umgebung. Nein, das vermied die Umgebung peinlichst. Und aus meinem Haushalt und von meiner Familie Aufklärung oder Hilfe zu bekommen, dazu fand sich selten oder nie Gelegenheit. Man musste mir ja alles schriftlich geben, und das war zu umständlich. Ich blieb sitzen, wo ich saß. Unter diesen Umständen konnte ich mich nur an meine beiden Zeitungen halten, *Aftenposten* und *Fritt Folk*, und in denen stand nicht, dass es verkehrt war, was ich schrieb. Im Gegenteil.

Und es war nicht verkehrt, was ich schrieb. Es war nicht verkehrt, als ich es schrieb. Es war richtig, und was ich schrieb, war richtig.

Ich will es erklären. Was schrieb ich? Ich schrieb, um zu verhindern, dass sich norwegische Jungen und Männer gegenüber der Besatzungsmacht töricht und herausfordernd benahmen, ohne jeden Nutzen, nur zu ihrem eigenen Untergang und Tod. Das schrieb ich und variierte es immer wieder.

Diejenigen, die jetzt über mich frohlocken, weil sie gesiegt haben, äußerlich, an der Oberfläche, sie wurden nicht von Familien aufgesucht, von den kleinsten Kindern an aufwärts, die kamen und um ihre Väter, Söhne und Brüder weinten, die in irgendeinem Stacheldrahtlager eingesperrt und verurteilt worden waren – zum Tode. Ja, zum Tode verurteilt. Nun ja, ich hatte keine Macht, aber sie kamen zu mir. Ich hatte überhaupt keine Macht, aber ich telegrafierte. Ich wendete mich an Hitler und an Terboven. Ich ging sogar krumme Wege zu anderen, zum Beispiel zu einem Mann namens Müller, der angeblich mit Einfluss und Macht im Hintergrund saß. Es wird wohl irgendwo ein Archiv geben, wo all meine Telegramme liegen. Es waren viele. Ich telegrafierte Tag und Nacht, wenn die Zeit knapp war und wenn es für meine Landsleute um Leben und Tod ging. Ich ließ die Frau meines Verwalters meine Telegramme telefonisch durchgeben, da ich es nicht selbst tun konnte. Und diese Telegramme machten die Deutschen schließlich ein bisschen misstrauisch gegen mich. Sie hielten mich für eine Art von Makler, einen etwas unzuverlässigen Makler, den man am besten ein bisschen im Auge behielt. Hitler selbst verbat sich schließlich meine Eingaben. Er war sie leid. Er verwies mich an Terboven, aber der antwortete mir nicht. Ob meine Telegramme irgendetwas genützt haben, weiß ich nicht, ebenso wenig, ob meine kleinen Beiträge in den Zeitungen bei meinen Landsleuten als Abschreckung wirkten, wie es von meiner Seite aus gemeint war. Statt dieser meiner möglicherweise vergeblichen Aktivität am Telegrafen hätte ich vielleicht besser daran getan, mich selbst zu verstecken. Ich hätte versuchen können, mich nach Schweden abzusetzen wie so viele. Ich wäre dort nicht verloren gegangen. Ich habe in Schweden viele Freunde, unter anderem meinen großen und mächtigen Verleger. Und ich hätte versuchen können, rüber nach England zu kommen, was ebenfalls viele andere taten, die später als Helden zurückkehrten, weil sie ihr Land verlassen hatten, aus ihrem Land geflohen waren. Ich tat nichts dergleichen, rührte mich nicht vom Fleck, kam gar nicht auf die Idee. Ich glaubte, meinem Land am besten zu dienen, indem ich blieb, wo ich war, nach Kräften meinen Ackerbau betrieb in dieser knappen Zeit, da es der Nation an allem fehlte, und im Übrigen meine Feder für das Norwegen einsetzte, das jetzt einen so hohen Rang unter den germanischen Ländern Europas erhalten sollte. Dieser Gedanke gefiel mir von Anfang an. Mehr noch, er begeisterte mich, ich war von ihm besessen. Ich wüsste nicht, dass mich der Gedanke in dieser ganzen Zeit, als ich dort in meiner Einsamkeit saß, jemals losgelassen hätte. Ich fand, es sei ein großer Gedanke für Norwegen, und meine noch heute, es war eine große und gute Idee für Norwegen, wohl wert, dafür zu kämpfen und zu arbeiten: Norwegen, ein selbstständiges und aus sich selbst leuchtendes Land am Rande Europas! Ich hatte beim deutschen Volk einen Stein im Brett, ebenso wie bei dem russischen, diese beiden mächtigen Nationen hielten ihre Hand über mich und würden meine Bitten nicht alle abschlagen.

Doch es ging schief mit meinen Aktivitäten, es ging

schief. Bald war ich mit mir selbst nicht mehr im Reinen, und ganz ratlos war ich, als der König und seine Regierung freiwillig das Land verließen und sich selbst hier zu Hause außer Funktion setzten. Das riss mir die ganze Grundlage weg. Ich hing zwischen Himmel und Erde. Ich hatte nichts Festes mehr, an das ich mich halten konnte. So saß ich da und schrieb, telegrafierte und grübelte. Mein Zustand in dieser Zeit war das Grübeln. Ich grübelte über alles. Ich erinnerte mich zum Beispiel daran, dass jeder große und stolze Name der Kultur in Norwegen zuerst durch das germanische Deutschland gegangen war, um dann groß zu werden in der ganzen Welt. Das war kein unrichtiger Gedanke. Aber auch das wurde mir als Fehler angerechnet. Es wurde als Fehler angerechnet, obwohl es die sonnenklarste Wahrheit in unserer Geschichte, unserer neueren Geschichte ist.

Aber ich kam nicht von der Stelle, kam nicht von der Stelle. Im Gegenteil kam es dahin, dass ich in den Augen und Herzen aller dieses Norwegen verriet, das ich erhöhen wollte. Dass ich es verriet. Na ja, das mag sein. Es mag sein, was diese Augen und Herzen mir jetzt allesamt zur Last legen wollen. Es ist *mein* Verlust, ich habe ihn zu tragen. Und in hundert Jahren ist alles vergessen. Dann ist sogar dieses geehrte Gericht vergessen, völlig vergessen. Die Namen von uns allen, die wir heute hier anwesend sind, werden in hundert Jahren vom Erdboden vertilgt sein und nicht mehr erinnert werden, nicht mehr genannt werden. Unser Schicksal wird vergessen sein.

Als ich dort saß und nach besten Kräften schrieb und Tag und Nacht telegrafierte, da verriet ich also mein Land, heißt es. Ich war Landesverräter, heißt es. Das mag sein. Aber ich empfand es nicht so, fühlte nicht so, und ich empfinde es auch heute nicht so. Ich habe den schönsten Frieden mit mir selbst, das allerbeste Gewissen.

Ich schätze die öffentliche Meinung ziemlich hoch ein. Ich schätze unser norwegisches Rechtswesen noch höher ein, aber nicht so hoch wie mein eigenes Bewusstsein davon, was gut und was schlecht, was richtig und was falsch ist. Ich bin alt genug, um eine eigene Richtschnur zu haben, und dies ist meine.

In meinem inzwischen ziemlich langen Leben und in all den Ländern, die ich bereist habe, und bei all den Völkern, unter die ich mich gemischt habe, habe ich immer und ewig die Heimat im Herzen gehabt und hochgehalten. Und ich gedenke, mein Vaterland dort auch weiterhin zu bewahren, während ich auf mein endgültiges Urteil warte.

Nun danke ich dem geehrten Gericht.

Ich habe bei dieser Gelegenheit nur diese wenigen und einfachen Dinge zum Ausdruck bringen wollen, um nicht die ganze Zeit ebenso stumm zu sein, wie ich taub bin. Es war meinerseits nicht als Verteidigung gemeint. Was so geklungen haben könnte, kommt nur von dem Stoff in meiner Rede, davon, dass ich einige Tatsachen erwähnen musste. Aber als Verteidigung war es nicht gemeint, deshalb habe ich auch nichts von meinen Zeugen verlauten lassen, wovon ich wohl einige anzuführen hätte. Und auch von meinem ganzen übrigen Material wollte ich nicht sprechen, wovon ich ebenfalls einiges haben könnte. Das kann warten. Es kann warten bis später, vielleicht bis zu besseren Zeiten und einem anderen Gericht als diesem. Morgen ist auch noch ein Tag, und ich kann warten. Ich habe die Zeit für mich. Lebend oder tot, das ist gleichgültig, und vor allem ist es der Welt gleichgültig, wie es dem Einzelnen ergeht, in diesem Falle mir. Aber ich kann warten. Es wird wohl das sein, was ich zu tun haben werde.«

• • •

Nach meiner Rede kam der Staatsanwalt dran, nach ihm meine Verteidigerin. Wieder saß ich stundenlang da und wusste nicht, was vorging. Schließlich wurden mir ein paar schriftliche Fragen vom Gericht vorgelegt, und ich antwortete.

So verging der Tag. Es wurde dunkler Abend.

Es war vorbei.

• • •

Einige Post kommt ins Haus, Briefe und Telegramme, ich lege alles auf einen Haufen und will es später öffnen. Ein paar Tage vergehen, es wird Weihnachten, ich ziehe heim nach Nørholm und sehe alles wieder. Sonderbar, dies alles jetzt zu sehen, die Hügel schneebedeckt, die Bucht vereist, und der alte Himmel wölbt sich über allem wie früher. Ganz gewöhnlich und doch sonderbar für mich.

Nach dem Urteil folgt eine ruhige Zeit, Abschriften der Verhandlungen, Appellation ans Oberste Gericht. Dann heißt es warten wie früher, jawohl, das wird wieder dauern, aber wir sind weitergekommen, einen Schritt weiter.

Ich habe meine täglichen Ausflüge aus der Zeit des Altersheims wieder aufgenommen, gehe eine ähnliche Wegstrecke wie dort und zu einer entsprechenden Zeit: von Nørholm bis zur Brücke über den Kanal und wieder zurück – anderthalb oder zwei Stunden. Es macht keinen Spaß, zu gehen, um zu gehen, aber was anderes macht auch keinen Spaß. Ich tauge nicht mehr zur Handarbeit, ich hätte längst tot sein müssen. Worauf warte ich?

Ich lasse meine alte und neue Post von Arild erledigen, er dankt ein wenig hier und dort im Ausland, den Rest wirft er weg. Ich rechne nicht mit einem großen Grabgefolge.

Apropos: Ich will übrigens nicht begraben, sondern ordentlich verbrannt werden, mit Stumpf und Stiel – und einem Dank an Gott den Herrn für das Leben, das ich hier auf Erden leben durfte!

Hier könnte ich die gute Gelegenheit nutzen und mich über Leichenverbrennung im Allgemeinen äußern. Ich habe Bücher, oh, ich könnte tüchtig sein und in meinen Büchern einiges über Leichenverbrennung finden. Warum tue ich es nicht? Deshalb, weil ich nicht an meine Bücher herankann. Ich habe sie in Reichweite, komme aber nicht heran, sie stehen in einem Haus für sich am Fuß des Hügels, und dieses Jahr ist vor lauter Schnee und Winter nicht dorthin zu kommen. Was für ein Zustand!

Ist das nur leeres Gerede? Kann ich nicht den Schneepflug bis an das Haus fahren lassen? Ich will gründlich und genau sein und mich erklären: Die Knechte haben anderes zu tun, die Pferde müssen Mist auf die großen Moore bringen, es ist ein weiter Weg, Wochen und Monate müssen sie sich durch meterhohe Schneeberge kämpfen. Ich könnte den Schneepflug vielleicht in Gang bringen, aber das wäre nicht alles, da ist auch der Hügel vor dem Haus, und der muss mit der Hand freigeschaufelt werden. Und das ist immer noch nicht alles: Es gibt auch eine Treppe, eine große Steintreppe mit Schneewehen viele Meter hoch, und diese Treppe hat kein Geländer, ist an mehreren Seiten gefährlich, und ich werde leicht schwindlig und bin verkalkt.

Habe ich mich jetzt erklärt?

Im Sommer ist es was anderes, dann kann ich leichtfüßig die Treppe hinaufspringen, denn dann löscht mir kein Schnee die Sehkraft aus.

Dass ich so leicht schwindlig werde, ist auch kein Vorwand. Ich werde es seit frühester Kindheit, es hat mir nicht viel ausgemacht, war nur ein bisschen lästig. Ich lese von harten Burschen, die an der Kirchturmspitze herumklettern, und halte mich tapfer im Stuhl fest. Ich lag unter dem Eiffelturm und hielt mich fest, als ich den Fahrstuhl nach oben fahren sah. Gehe ich eine Treppe rauf oder runter, muss ich mich abwechselnd mal nach rechts und mal nach links drehen. Das hat nichts mit Altersschwäche zu tun, es war bei mir achtzig Jahre lang so, bevor ich altersschwach wurde. Mein Gott, wie einfach das alles für den Medizinmann sein muss! Ich hatte einen älteren Bruder, er war ein großer Tänzer und in allem ganz normal – nur ertrug er es nicht, auch nur im Geringsten in die Höhe zu kommen. Ihm wurde schwindlig, wenn er abends die Schafe vom Hügel holen sollte. Das war zu hoch für ihn. Sonst war er in Ordnung. Er starb gesund und geistig munter mit einundneunzig Jahren.

• • •

Abwechselnd Tauwetter und Kälte, aber die ganze Zeit Nachtfrost.

Kein Grund zu klagen. Die Bucht von Nørholm taut auf und friert wieder zu, und schließlich ist sie endgültig vereist. Es ist Mitte Januar, das ist der Lauf des Winters. Dunkle und kurze Tage, die Zeitungen monatelang leer, der Atem steht Menschen und Tieren wie Rauch und Dampf vor dem Maul.

Dann kommt die Zeit, dass drei erwachsene Kerle mit einem Schlitten über das Nørholmeis gehen. Sie machen halt, als sie sich nicht mehr weiter wagen, schlagen Löcher ins Eis und beginnen zu fischen. Sie sitzen da, bis ihnen alles wehtut, sitzen bis zum Abend und in die Dämmerung, rauchen, frieren und halten aus. Von Zeit zu Zeit fassen sie mit klammen Fingern in die Tasche und ziehen einen Brotkanten heraus. Haben sie einen winzigen Gedanken in ihrem trägen Kopf, so nutzen sie ihn nicht und haben keine Verwendung dafür, sie sind geduldig und leer, sind rund von nichts.

Dann stehen sie auf und gehen nach Hause.

Sie haben keine Lust, ihren Fang vorzuzeigen. Nur einer von ihnen hat die Gabe der Rede, wenn ich ihn frage, antwortet er unwillig, gucke ich in den Schlitten, sagt er: Nein, da gibt es nichts zu sehen. Es ist, als ob sie sich schämen, und das ist vielleicht nicht so sonderbar: drei erwachsene Kerle, drei Tagewerke, und dann diese jämmerlichen kleinen Fischleichen.

Na also, das ist doch gar nicht so schlecht, sage ich über den Fang und bin durch und durch falsch. Es könnte schlimmer sein.

Wir sind Schlimmeres und Besseres gewohnt, sagt der mit der Redegabe.

Seine Kameraden gehen, ärgerlich, dass er sich mit mir einlässt.

Aber ist es nicht kalt da draußen?

Doch. Aber was soll man daran ändern.

Nein, nein.

Denn es ist doch so, sagt er, dass wir eine Mahlzeit Fisch gut gebrauchen können.

Mein Gott, daran hatte ich nicht gedacht. Und ich schäme mich und bereue es innerlich. Die Familie. Die Kinder.

Kommst du nicht, rufen die anderen und kommen zurück.

Ich sehe sie an. In der Dämmerung kann ich sie gerade noch erkennen: Es sind junge Burschen, sie haben keine Familie und keine Kinder.

• • •

Womit man sich doch vergnügen kann in einer Welt, die im Schnee umkommt – mit was sich erwachsene Menschen doch an der Straße amüsieren, während ihnen die Zähne klappern –

Auf meinem Ausflug zur Brücke taucht vor mir eine Dame auf. Ich hatte nicht bemerkt, woher sie gekommen war, ob aus einer Nebenstraße oder aus einem der Häuser, aber sie trug einen dunklen Mantel und Gummistiefel, und es war eine Erleichterung für meine Augen, diesen Menschen mitten in diesem wahnsinnigen Weiß als Zeichen vor mir zu haben.

Endlich nach einer langen Zeit blieb sie stehen. Als ob sie es leid war, mich hinter sich zu haben. Als ich an ihr vorbeigehen wollte, hielt sie eine Kamera (oder wie das heißt) hoch und wollte mich fotografieren.

Ich schüttelte den Kopf.

Sie lächelte und bat höflich und gleichsam arm im Gesicht.

Darf ich nicht?

Nein – ich bin in meinem Leben genug abgebildet worden.

Ich warte auf einen Bus, sagt sie, aber hier kann man sich nirgends hinsetzen.

Ich ziehe meine Jacke aus und lege sie ihr auf den Schneewall.

Nein – sind Sie verrückt!, ruft sie. Ziehen Sie sofort Ihre Jacke wieder an.

Gut. Im Übrigen ist es warm, sage ich. Ich konnte nur nicht gleich meinen Strohhut finden, als ich ging.

Es sind bestimmt ein paar Grad unter null, sagte sie. Hat

man so was schon erlebt!, sagte sie und biss sich auf die Lippe und sah mich an.

Wollen Sie in die Stadt?, fragte ich.

Lassen Sie mich doch ein Bild von Ihnen machen. Ich hätte es so gern.

Sind Sie von einer Zeitung?

Ich? Nein, nein, durchaus nicht. Sie sind nur so lange hinter mir hergegangen –

Ich sehe so schlecht, da war es gut, Sie vor mir zu haben.

Ach, deshalb.

Gehen Sie herum und machen Porträts vom Schnee?

Oh ja. Vom Schnee auf den Bäumen. Das ist schön.

Da kommt offenbar Ihr Auto, Fräulein.

Sie blickte nur auf und ließ den Wagen vorbeifahren. Aber in dem Augenblick nutzte sie die Gelegenheit und knipste mich.

Das war ja nun reichlich geschickt, und ich sagte: Dass Ihnen so was Spaß macht!

Wieso Spaß macht?, fragte sie unschuldig.

Ich befürchtete noch mehr Geschicklichkeit, grüßte und ging an ihr vorbei.

Als ich von der Brücke zurückkam, war sie noch da. Sie kam näher und wollte gehört werden: Sind Sie bei der Brücke gewesen? Sie gehen jeden Tag hin. Das macht Ihnen Spaß. Sie haben Ihren Spaß, ich meinen.

Sie wollte mir's heimzahlen, und ich biss leider an. Während Sie hier Ihre Spielchen treiben, gibt es im nahen Europa Menschen, die vor Hunger sterben. Wissen Sie das?

Ich habe davon gelesen, sagte sie.

Gelesen.

Ja, was sonst können wir tun. Was tun Sie selbst? Sagen Sie's mir.

Ich musste schweigen und den Blick senken, zur Erde. Ich weiß nicht, ob ich den Mund zu einem Wort für mich selbst und die anderen Schuldigen bewegte. Wir sind alle sehr schuldig. Wir sind Millionen Schuldige.

Ein Omnibus hupt, sie winkt und steigt ein. Wie sich zeigt, wollte sie gar nicht zur Stadt, nein, nein, sie fuhr denselben Weg zurück, den sie gekommen war!

Was hatte sich in ihrem Innern bewegt? Ein Nichts. Und welche eigene kleine knochendürre Idee verfolgen wir, wenn wir an den Straßen agieren?

Sie war wohl Journalistin oder so was. Ich habe sie nicht wiedergesehen.

• • •

Offenes Wasser.

Es ist März. Und nach dem wunderbaren Wetter im Februar und März beginnt schon die Nørholmbucht zu tauen. Und noch anderes taut auf, mein Gott, das Eis löst sich in den Menschen. Grundtvig hat recht: Wir Menschen fühlen als Kinder des Lichts, dass die Nacht nun endlich vorbei ist! Fühlen wir es nicht in unseren morschen Ruinen rumoren? Oft hörten wir im Winter von den Geiern reden, die sich über unserem alten Heim Europa versammeln. Gut. Aber hat nicht einer heute früh die Graugans gehört? Es wird Frühling.

Mir fällt ein alter Kalender aus einem Stapel Drucksachen in die Hand. Meinerseits gab es nichts, was diesen Kalender aus seinem Dunkel herausrief, ich begann darin zu blättern, war aber nicht ganz bei der Sache. Ein paar Seiten, da steht was von Verner von Heidenstam. Gut, ich blättere weiter. Stopp, was stand da über Heidenstam? Ich blättere zurück und lese. Wir waren gleich alt, im selben Jahr geboren, und beide sind wir tot. Und obwohl nur der eine von uns zum Gespenst auf dem Galgenhügel wurde, dienten wir in unserer glücklichen Zeit doch beide derselben Göttin. Aber jetzt sind wir tot.

Ich blättere viele Seiten auf einmal weiter und komme zum Ende. Weit hinten steht Schiller. Er ist im gleichen Jahr wie wir geboren, nur ein Jahrhundert früher. Er starb.

Napoleon traf mit Goethe zusammen. Ging da ein Ruck durch die Welt? Nein. Sie sprachen miteinander, aber Napoleon hatte wenig Zeit. Als er wieder herauskam, soll er anerkennend über Goethe gesagt haben: Was für ein Mensch! Das war alles. Als ob sie sich gar nicht begegnet wären. Aber auch sie starben.

Warum sollen wir nicht sterben!

Tacitus meint, wir Germanen seien gut im Sterben. Und die Wikinger haben uns in dieser Hinsicht keine Schande gemacht. Unsere noch jüngere Erkenntnis sagt uns, warum es den Tod überhaupt gibt: Wir sterben ja nicht, um tot, etwas Totes zu sein, wir sterben, um ins Leben übergehen zu können, wir sterben zum Leben, wir sind in einem Plan. Derselbe Tacitus lobt uns, weil wir keinen Aufwand mit den Gräbern treiben. Wir decken uns nur mit ein paar Grassoden zu wegen des Geruchs. Ferner lobt er uns, weil wir keine großen Gedenksteine auf dem Grab haben wollen. Das verschmähen wir, sagt er. Er hat nicht mit unserem kleinen verschämten Verfall in jüngerer Zeit gerechnet.

• • •

Offenes Wasser und Zeichen von Frühling. Die nächtliche Stromrationierung ist vorbei, ich kann aufwachen und lesen, wann ich will, ein großes Geschenk, eine Gabe des Himmels. Da ich taub bin und nicht höre, spüre ich keine Töne und keine Musik in mir, aber ich sprühe vor Leben und Freude und habe so manchen hellen Einfall, hoho. Zum Beispiel sollen wir keine Auerhühner während der Balz schießen. Das sollen wir nicht, wir Menschen, es ist eine schlechte und dumme Tat. Mag schon sein, gebe ich zu, aber das hat doch keinerlei Zusammenhang mit meinem nächsten losen Gedanken: Ich kam einmal zu einer Kapelle oder wie man es nennt, einem mohammedanischen Tempel, nur winzig klein und baufällig. Ein großer, rotbärtiger Mann legte ein paar Lappen auf den Boden, und auf die Lappen ein paar kleine Steine. Dann warf sich der Mann auf die Knie. Ich begriff, dass er zu Gott betete. Warum schob er die Steine auf den Lappen hin und her? Ich verstand nichts, hielt aber an mich und lächelte nicht.

Ich erinnere mich, dass ich einmal zum Abendmahl in die Kirche ging. Das war, als ich konfirmiert wurde. Der Pastor steckte mir was in den Mund, und danach ließ er mich an einem Glas nippen. Ringsherum standen viele Menschen und sahen zu, aber sie hielten an sich und lächelten nicht.

Warum erinnere ich mich jetzt daran? Ich habe keinerlei Verwendung dafür, und es liegt keine Weisheit darin. Ich halte mich nur dabei auf, weil ich froh bin und sprühe. Eine Eingebung nennt man das wohl.

Eine Erinnerung lebt in mir auf aus meiner ersten Auswandererzeit. Nein, nichts Besonderes oder Großartiges, nur eine Reihe kleiner Erlebnisse von einem Tag zum anderen in einer fremden Landschaft und in einer kleinen, dürren Präriestadt. Es gab da noch nicht mal einen Fluss und keinen Wald, nur ein bisschen Gestrüpp. Trotzdem ging es ganz gut, ich arbeitete auf einem Hof bei ordentlichen kleinen Leuten, litt aber an Heimweh und weinte oft. Die Bauersfrau lächelte nachsichtig, sie lehrte mich das Wort homesick.

Als ich ein paar Monate gearbeitet hatte, konnten es sich die Lovelands nicht mehr leisten, mich zu behalten. Wir trennten uns ungern, der Tag war weit fortgeschritten, als ich mich auf den Weg zur Stadt machte. Ich hatte keine Eile, es führte keine Straße zur Stadt, nur ein Pfad, ich setzte mich von Zeit zu Zeit hin und träumte. Wenn hier das Wasser unter dem Eis hindurchfloss, war es nicht wie zu Hause, der kleine Pulsschlag unter dem Eis war zu Hause schöner und blauer. Dann weinte ich wieder vor mich hin.

Ich hörte Schritte auf dem Pfad. Ein junges Mädchen. Ich kannte sie, sie war die Tochter einer Witwe in der Nachbarschaft. Die Witwe hatte mir ein paarmal Arbeit angeboten, wenn ich bei den Lovelands aufhörte.

Hallo, Nut. Hab ich dich erschreckt?

Nein.

Ich muss in die Stadt, sagte sie.

Sie trug einen Butterquirl, der sich vom Schaft gelöst hatte. Ich übernahm es, das Gerät zu tragen, ich kannte es gut aus meiner Kindheit und hätte mit meinem Taschenmesser ohne Weiteres einen passenden Schaft schnitzen können, wenn ich ein Stück trockenes Holz gehabt hätte.

Sie ging und zwitscherte und redete die ganze Zeit, und ich versuchte, mit den wenigen englischen Worten, die ich kannte, zu antworten. Das war eine Qual, und ich wünschte sie tief unter die Erde.

Puh, ist es noch weit bis zur Stadt?

Ja. Das hoffe ich!, sagte die kleine Hexe. Sie hatte nichts dagegen, zu gehen und zu zwitschern.

Wir kamen in die Stadt zu Larsens Werkstatt. Es wurde allmählich dunkel.

Lieber Nut, nun musst du mich nach Hause bringen, sagte Bridget.

Was! Ich riss den Mund auf.

Es wird zu dunkel, um allein zu gehen, sagte sie.

Larsen war Däne, er sagte ebenfalls, ich müsse sie begleiten.

So machten wir uns auf den Rückweg. Dunkler und dunkler wurde es, wir mussten schließlich Hand in Hand gehen und uns vor Zweigen in Acht nehmen, die uns ins Gesicht schlugen. Aber es war eine süße Hand, die ich hielt.

Wir haben den Butterquirl vergessen!, rief ich plötzlich.

Das macht nichts, antwortete Bridget.

Das macht nichts?

Nein. Dafür habe ich ja dich!

Warum sagte sie das? Ich musste es so verstehen, dass sie sich in mich verguckt hatte, wahrhaftig.

Als wir ankamen, wollte ich gleich wieder umkehren, aber das durfte ich nicht, ich musste essen, zu Abend essen, ich musste über Nacht bleiben. Bridget wies mir einen kleinen Verschlag mit einem Bett an. Am Morgen überredeten mich Mutter und Tochter, ein Weilchen zu bleiben und für sie zu arbeiten, und ich sah mich ein bisschen auf der Farm um. Sie hatten zwei Maultiere und drei Kühe. Man kriegt keine Leute, sagte die Witwe und klagte. Ich meinerseits war es nicht gewohnt, selbstständig zu arbeiten, bei den Lovelands war der Mann am Leben und konnte mich anleiten, hier aber waren nur Frauen, die mir die wichtigsten Dinge zeigten. Natürlich konnte ich nicht einfach faulenzen, ich hackte einen großen Stapel Holz, und dann begann ich, mit den Maultieren Mist zu fahren. Es ging so von Tag zu Tag.

Aber die Witwe sah wohl selbst ein, dass sie sich nach einer besseren Hilfe umsehen müsse, sie ging eines Tages zur Stadt und kam mit einem Finnen zurück, übrigens einem tüchtigen Kerl, er war aus Østerbotten und verstand seine Sache – die junge Bridget schien nicht mehr so glücklich darüber, dass sie mich erwischt hatte, nein, sie sah mich nicht mehr und hielt meine Hand nicht mehr.

Ach, ich Unschuld aus meinem fernen Heimatlande. Aber nie im Leben würde ich mich mehr auf das Wort einer Frau verlassen.

Es herrschte weiterhin großer Mangel an Hilfskräften.

Als ich wieder in die Stadt kam, hielt mich ein Farmer auf der Straße an und wollte mich mitnehmen. Er sah wohl an meiner Kleidung und auch sonst, dass ich ein Neuankömmling war, ich hatte mich nicht geirrt, man riss sich um mich. Ich ging mit ihm, er war mit dem Wagen unterwegs, mit zwei großen Pferden davor, und als wir bei ihm ankamen, gab er mir gleich etwas zu tun. Ich sollte ein kleines Grab am Waldrand graben, die Maße gab er mir in Fuß an. Das dauerte nicht lange, und als ich fertig war, kam der Mann mit einem kleinen Sarg auf der Schulter und stellte ihn ins Grab. Auch das dauerte nicht lange, und als ich auf eine neue Order wartete, wies er mich mit einer Handbewegung an, das Grab zuzuschütten und Grassoden daraufzulegen. Dann ging er.

Aber mein Gott, kam er nicht wieder? Nein. Er arbeitete in den Ställen und schien beschäftigt zu sein.

Ich wunderte mich und schauderte und fühlte mich unwohl. Eine Kinderleiche wurde beerdigt, das war alles. Keine Zeremonien, kein Psalm. Die Leute, zu denen ich gekommen war, waren jung, aber ich konnte mich nicht verständlich machen und erfuhr nicht, welcher Kirche sie angehörten.

Sonst hatte ich nichts zu klagen. Haus und Hof waren gut in Stand, es gab Pferde und Kühe, schöne Äcker, keine Kinder. Meine Arbeit war in Ordnung, der Mann melkte selbst und kümmerte sich um die Tiere, ich hatte die Feldarbeit zu machen, und was die Bäuerin betraf, so war sie rund und dick und lachte gern. Sie lehrte mich viele englische Wörter und gab mir eine kleine Kammer mit Bett und Fenster zum Wohnen. Seltsame Leute, sie kamen auf die Idee, mich an einem Wiegebalken zu wiegen, aber ich riss den Nagel heraus und bekam den Balken auf den Kopf. Ich verstand das alles nicht, aber sie lobten mich über den grünen Klee und machten ein Aufhebens davon, dass ich so schwer war. Wenn die Bäuerin mit Butter und Weizen zur Stadt und einkaufen wollte, musste ich sie ab und zu hinfahren.

Als die Frühjahrsbestellung vorbei war, wollte der Mann mich für längere Zeit anstellen, und ich blieb bis nach der Ernte. Es muss um 1880 oder 81 gewesen sein. Ich kam mehr und mehr zur Ruhe und gewöhnte mich an die Leute. Sie waren beide deutscher Abstammung und hießen Spear. Als ich abreiste, drückten wir uns fest die Hand.

Jetzt passte mich ein anderer Mann ab und bot mir Arbeit für den ganzen Winter an, ich sollte Eisenbahnschwellen hauen. Das wagte ich nicht anzunehmen. Daraufhin bot er mir seine eigene kleine Farm zur Pacht an. Da auch das nichts für mich war, wollte er mir auf Kredit Pferde und Wagen für Frachtfahrten verkaufen. Er steckte voller Ideen und Spekulationen, und ich hatte Mühe, ihn loszuwerden.

Eines Tages wurde mir in der Stadt eine Stelle als Deliveryboy in einem Laden angeboten. Die nahm ich an. Ich trug Pakete und Kisten in der Stadt aus, und nach beendeter Tour kehrte ich in den Laden zurück. Es war das größte Geschäft am Ort, mit vielen Leuten hinter dem Tresen. Der Besitzer hieß Hart und war Engländer. Wir verkauften alles Mögliche, von grüner Seife bis zu Seidenwaren und Konserven und Fingerhüten und Briefpapier. Es blieb nicht aus, dass ich die Namen all der Waren lernte, und mein Wortschatz nahm einen erfreulichen Aufschwung. Nach einiger Zeit fiel es meinem Chef ein, mein Amt als Deliveryboy einem anderen anzuvertrauen und mir einen festen Platz hinter dem Tresen im Laden zu geben. Ich trug jetzt Hemdkragen und blanke Schuhe, hatte ein Zimmer in der Stadt gemietet und aß in einem Hotel. Die Farmersleute, die ich früher kennengelernt hatte, konnten sich nicht genug über meinen schnellen Aufstieg wundern. Auch die junge Bridget von der Farm kam in den Laden und sah mich in meiner neuen Würde, jetzt bereute sie vielleicht bis zu ihrer letzten Stunde, dass sie Schluss mit mir gemacht hatte. Ich weiß nicht.

Ich verstand wohl, dass sie mich gern aus dem Laden gelockt hätte, um mit mir zu reden, sie sagte: Lieber Nut, sei doch so gut und hilf mir mit all den Paketen!

Mit dem größten Vergnügen!, sagte ich. Ich hätte ohne Weiteres den neuen Deliveryboy zu dieser Arbeit herbeiwinken können, aber ich sagte: Mit dem größten Vergnügen!, und antwortete ganz wunderbar. Dann trug ich persönlich ihre Pakete hinaus in den Wagen und bürstete mir den Staub ab und fragte höflich nach der Farm und ihrer Mutter und dem Finnen.

Ja, der war abgereist, und die Ernte war unter Dach und Fach. Aber jetzt wollte ihre Mutter sich nicht mehr mit der Landwirtschaft plagen, sie wollte verkaufen und in die Stadt ziehen und ein Geschäft mit Schokolade und Backwerk und Brause eröffnen. Die junge Bridget war begeistert, sie hatten sich schon ein kleines verfallenes Lokal als Restaurant ausgesucht, einen Schuppen, den man für diesen Zweck herrichten konnte.

An dieser Stelle kommt nun mein Freund Patrick ins Bild, Pat, ein Ire, er war älter als ich, Abenteurer, Kamerad und ein sonderbarer Kerl. Er wohnte wie ich in einem kleinen Dachzimmer in der Stadt, wir unterhielten uns oft, litten beide an Heimweh und wollten wieder nach Hause, sobald wir das Geld dafür zusammenhatten.

Pat hatte in seiner Heimat wohl öfter beim Hausbau mitgearbeitet und hatte nichts dagegen, dass man ihn Architekt nannte. Er rechnete das Restaurant in Fuß und Zoll aus und legte großen Wert darauf, seine Sache gut zu machen. Er hatte sich Bohlen und Bretter besorgt, und in meinem Laden kaufte er Nägel und Pappe. Dann ging er fleißig an die Arbeit.

Wir hatten viel miteinander zu tun und sahen uns täglich, es kam vor, dass der eine einen Dollar hatte, den der andere brauchte, und wir liehen einander Bücher. Leider kam dabei nicht viel heraus, ich konnte nicht genug Englisch, um Paines »Age of reason« zu lesen, und er verstand J. P. Jacobsens »Marie Grubbe« nicht, das ich aus Chicago bekommen hatte. Es waren junge und tastende Tage voller Arbeit, aber wir vergaßen nie, dass wir dieses Land verlassen und nach Hause wollten, weinten auch allein in unserem Zimmer und bemitleideten uns.

Dass die junge Bridget sich nicht mit dem Gesicht auf die Erde warf und stöhnte, als ihr Elternhaus verkauft wurde! Da führte doch ein kleiner Pfad in den Wald, und in den Bäumen saßen Vögel, die wurden jetzt verlassen. Und außerdem gab es den Frühling und Blumen und himmlischen Regen und ein Rauschen im Korn zur Sommerszeit, hatte Bridget das vergessen? Und dann der Bach, der so vertraut durchs ganze Feld rann, jetzt ist er verkauft. Mein Gott, der Bach ist verkauft! Und das Wohnhaus steht da und grübelt und begreift, was passiert ist, die rohe Bretterwand blickt auf sie zurück. Sie hätte ihre Wange an die Wand legen und nie von ihr fortgehen sollen.

Wir verstehen die Menschen hier nicht, sagt Pat. Deshalb fühlen wir uns so unwohl. Ich habe voriges Jahr auf einer Farm in Wyoming gearbeitet. Der Mann studierte fleißig gedruckte Plakate und Reproduktionen, die er mit der Post bekam, eines Tages kam er und sagte: Jetzt reise ich! Dann nahm er seine Familie und reiste nach Florida. Gab seine Farm in Wyoming auf und reiste nach Florida.

Nein, Pat, wir verstehen die Menschen hier nicht. Wir wollen hier weg.

Aber Bridget ist ein süßes Mädchen, sagt Pat.

Was meinst du damit?, frage ich.

Sie ist ein süßes Mädchen. Ich arbeite jetzt für sie und ihre Mutter. Du kennst Bridget nicht. Sie eröffnen ein Restaurant.

Ach so!, sage ich.

Aber von da an begann ich, ein wenig an Pat und seiner Sehnsucht nach seinem Heimatland zu zweifeln. Wir sprachen darüber und diskutierten. Doch, Pat behauptete, noch immer auf die Heimkehr nach Erin versessen zu sein, und zählte alles Herrliche und Große dort auf. Da gab es meilenweit grüne Weiden mit Rindvieh und Schafen und Kirchen und Schlössern, gar nicht zu zählen.

Ich hörte zu und nickte, ja, das hatten wir zu Hause auch.

Aber Pat hatte Blut geleckt und rechnete vor, kein Land könne sich mit Erins langen Bergketten messen, die durch zehn oder zwanzig Grafschaften bis hinein in den Atlantik reichten. Und mit den großen Flüssen und Städten und Seen mit Schiffen darauf und den Prozessionen mit dem Kardinal an der Spitze.

Ich nickte zu diesem und jenem und sagte, das hätten wir auch. Wir saßen da und prahlten immer mehr mit unserer Heimat. Galdhøpiggen, sagte ich, Lomseggen. Dort steht eine Kirche, in der wurde ich 1873 konfirmiert, sagte ich.

Was aber einen Stein hätte rühren können, ließ Pat unberührt. Er hatte noch mehr Blut geleckt und redete wild drauflos. Erwähnte einen irischen Erfinder, der eine Maschine gebaut hatte, mit der man fliegen konnte. Tatsächlich. Und er schwadronierte von den Basalthöhlen in Antrim – er sei selbst aus Antrim, sagte er, und die Höhlen reichten bis mitten in die Erde. Also völlig wild, gehobener Patriotismus. Er verbreitete sich über seine Ölhaine und Rosengärten und die Fliegenangler, die dicht an dicht an sämtlichen Flüssen saßen –

Ha, ha, ha, Fliegenangler, sagte ich. Er hatte wohl nichts von unserer Fischerei gehört, von den Lofoten und der Finnmark?

Nein.

Und was wir sonst noch alles haben. Unsere großen Wälder und Wasserfälle, waren das Kleinigkeiten? Oh, halt's Maul, Pat. Hatten wir nicht fünfhundert Jahre vor Kolumbus Amerika entdeckt? Und reichten unsere Landesgrenzen nicht bis auf den heutigen Tag nach Russland?

Nach Russland?, sagte Pat und glaubte mir nicht.

Gut. Aber die Hauptsache war, dass wir uns beide in die Heimat sehnten. Aber ich zweifelte an Pat.

An Pat zweifeln? Schuftete er nicht hart und wohnte in einer Dachkammer mit einer kleinen Paraffinlampe als Licht? Wenn das seine Leute wüssten, sein Vater und seine Mutter! Aber er mochte es ihnen nicht schreiben und erzählen. Wo er zu Hause zwei Reitpferde im Stall hatte, und hier saß er unter einer Dachschräge mit einer kleinen Scheibe im eisernen Rahmen zum Aufmachen.

Hast du wirklich Reitpferde zu Hause?

Da staunst du. Weißt du, wie viele Fenster unser Haupthaus hat? Viel mehr als die ganze Stadt hier. Und wenn ich den Kopf durchs Dach stecke, sehe ich nur Wäscheleinen auf einem Hofplatz. Du kannst dir nicht vorstellen, wie mich diese Wäscheleinen ärgern und mit ihrer wehenden und flatternden Wäsche kreuz und quer gehen, während ich hier sitzen und meine Architektur in geraden Linien ausrechnen muss. Aber ich ertrage es um Bridgets willen, denn Bridget ist ein süßes Mädchen.

Wie willst du nach Hause kommen, wenn du dich hier an ein Mädchen bindest?

Ich nehme sie mit, sagte Pat.

Du nimmst sie mit?

Ja. Denkst du, ich würde sie verlassen? Da kennst du mich schlecht. Ich nehme sie einfach mit.

Das will ich sehen, sagte ich.

Aber jetzt begann alles schiefzugehen. Ja, es hätte nicht schlimmer kommen können.

Die Wäscheleinen gehörten Bäcker Kleist, der auch seine Bäckerei auf dem Hof hatte. Eines Nachts ging Pat raus und band alle Leinen los und legte sie säuberlich beiseite, aber am Morgen gab es ein Riesenspektakel. Kleist war Österreicher, Wiener, ein freundlicher Mann mittleren Alters, aber diesen Streich wollte er nicht hinnehmen. Sie führten ein ernstes Gespräch, und Pat erklärte sich: Es sei kein Streich, sie seien eine Qual für ihn. Kannst du keine Wäscheleinen sehen?, fragte Kleist. Nein, sagte Pat. Ha, ha, ha, lachte der Österreicher und machte Ulk. Und er band die Wäscheleinen wieder fest.

Es traf sich so, dass die junge Bridget, Bridget von der Farm, bei dem Bäcker in die Lehre kam. Sie sollte lernen, die Kuchen und Brötchen und Kopenhagener und all die Leckereien für ihr Restaurant zu backen. Das war möglicherweise ein kluger Einfall von Mutter und Tochter und würde sich lohnen, es ging auch eine Weile gut, und nicht einmal Pat hatte was einzuwenden.

Aber mit der Zeit ging es schief.

Das Restaurant war eröffnet, mit großem Erfolg. Architekt Pat hatte aus dem Schuppen ein Haus gemacht, nicht nur einen Raum mit Sitzplätzen für Brause und Schokolade, sondern auch einen Anbau für Küche und Bäckerei, wahrhaftig, und darüber gab es mehrere kleine Räume für Mutter und Tochter privat.

Der Bäcker hatte auch seine Verdienste, weil er die ganze Zeit gute Ratschläge gegeben hatte, aber er übertrieb. Warum konnte er nun nicht beizeiten aufhören? Er wurde zu jung. Seine Kinder waren erwachsen und in Lohn und Brot, vielleicht fasste er mit der Zeit Interesse für das junge hübsche Mädchen, das sein Handwerk lernen wollte und so geschickt war, jedenfalls half er mit, einen großen Herd mit vielen Koch- und Bratplatten im Anbau aufzustellen und ihn zu einer Kuchenbäckerei zu machen.

Gut. Aber der alte Rammler begann auch, Bridgets Wäsche zu waschen. Er hatte ja immer heißes und kaltes Wasser in seinen großen Kesseln, und wenn er den Teig aus seinen eigenen Bäckerkleidern wusch, konnte er auch gleich die von Bridget mitwaschen. Er hatte verstanden, dass sie nicht viel Geld hatte, und wollte ihr helfen, das war vielleicht sehr schön gedacht, aber er übertrieb, und damit brachte er Pat gegen sich auf. Bäcker Kleist wusch also kleine Schürzen und Brusttücher und Taschentücher, die unmöglich seine eigenen sein konnten –

Und hängte sie auf die Wäscheleine auf dem Hofplatz!

Pat kam zu mir in den Laden und wollte, dass ich mitkam. Er war leichenblass.

Du musst umziehen und dir ein anderes Zimmer suchen, sagte ich.

Das ist nicht dein Ernst, antwortete Pat. Im Gegenteil, ich brauche Aussicht.

Wir gingen zum Bäcker, und Pat wollte den Platz kaufen,

aber er hatte kein Geld, und Kleist wollte auch nicht verkaufen.

Was hast du?, fragte Kleist. Ich wasche und hänge auf. Ich muss den ganzen Tag schneeweiß und sauber sein, verstehst du das nicht?

Und all das Weiberzeug, das du aufhängst, sagte Pat. Du Schwein, sagte er.

Kannst du den Anblick von Weiberzeug nicht ertragen?, fragte Kleist.

Nein, sagte Pat.

Ha, ha, ha, lachte der Österreicher schallend.

Im Übrigen machte Pat keine gute Figur, er stand nur da, und sein Mund zitterte. Schließlich drohte er seinem Feind hoch und heilig, er werde mit aller Strenge vorgehen, er werde es seiner Familie in Erin mitteilen, sagte er, und seine Familie sei adlig.

Das machte auf Kleist keinen besonderen Eindruck, er machte eine verständnislose Miene, dann nickte er und ging.

Du musst umziehen, sagte ich zu Pat. Du siehst doch, dass es nicht geht.

Ich ziehe nicht um, sagte Pat.

Nein, natürlich, er war noch nicht verrückt genug, nicht genug übergeschnappt! Ich ärgerte mich sehr über ihn und ließ es ihn wissen. Wie gut konnte ich die neue Seite an Pat verstehen? Ich sah nur seine komische und verzweifelte Verliebtheit – und Adel, was war das? Vielleicht war es in Irland etwas Feines, aber ich wusste nicht, was. Ich verulkte ihn, weil er dermaßen in eine kleine Farmerstochter verliebt war, dass er den Verstand verloren hatte.

Ich könnte für sie in den Tod gehen, sagte er.

Mein Gott. Und das, obwohl du adlig bist, sagte ich aufs Geratewohl.

Ich bin nicht adlig, meine Mutter ist es, sagte er.

Er zog einen Brief aus der Tasche und zeigte ihn mir, auf der Rückseite des Umschlags war eine kleine Figur in grüner Emaille, die er ein adliges Wappen nannte, mir schien es jedenfalls vornehm zu sein. Ich verstand nichts und schwieg, aber ich war verwirrt. Trotzdem spottete ich über seine Reitpferde.

Er antwortete: Lieber Nut, du verstehst nichts von diesen Dingen. Wir haben ein Gut, deshalb kann ich zwei Reitpferde haben.

Ich verstand es immer noch nicht besser.

Aber von jetzt an streckte Pat den ganzen Tag lang den Kopf aus der Dachluke und behielt die Kleidungsstücke unten auf dem Hof im Auge. Er wurde verrückt, er wurde von einer übermächtigen Eifersucht beherrscht und schien nicht über sie hinwegzukommen. Ich lachte ihn aus, aber das wirkte nicht. Seine Augen wurden ungeheuer listig, keiner sollte ihn täuschen, es könnte mehr Weiberzeug auftauchen, aber nichts sollte ihm entgehen.

Völlig idiotisch.

Das dauerte so lange, wie Bäcker Kleist Unterricht in seinen Backkünsten gab, aber eines Tages erklärte er die junge Bridget für ausgelernt, sie könne jetzt zu Hause im Restaurant selber Kuchen backen. Da kam es zu einer Befreiung.

Bäcker Kleist war ein gutmütiger alter Wiener und ganz und gar kein hinterhältiger Rammler, sondern ein Meister in seinem Fach und stolz auf seine gelehrige Schülerin. Wie sich zeigte, interessierten ihn auch die zehn Dollar nicht, die er für den Unterricht bekommen sollte, er lehnte sie kurzerhand ab. Er hatte sein eigenes kleines Geschäft in der Stadt und lebte gut davon. Und nun nach Wochen und Monaten tauchte er wieder in seiner alltäglichen Gewöhnlichkeit unter, und nichts war geschehen.

Aber mit Pat geschah eine große Veränderung: Er war nicht mehr in Bridget verliebt. Das war ein Wunder, und was für eins: Er war nicht mehr in Bridget verliebt!

Er, der so tief unten, so hart getroffen worden war, der noch kürzlich davon gesprochen hatte, in den Tod zu gehen – wie war das alles zu verstehen? Einfach so: Er hatte niemand und nichts mehr, worauf er eifersüchtig sein konnte, es war nichts mehr in ihm, das ihn schob, da verdampfte seine Leidenschaft, seine Heftigkeit verzog sich.

Armer Pat, er war mager und ausgezehrt, weil er keine Zeit gehabt hatte, um zu essen, sein Wachposten in der Dachluke hatte ihn nicht weggelassen, aber er kam in kurzer Zeit wieder in Form, hob den Kopf und stand aufrecht. Das tat er.

Wir gingen zusammen ins Restaurant. Pat sagte nichts, wir bekamen Schokolade und Kuchen und bezahlten. Pat brauchte keine Liebe mehr in Gang zu halten, im Gegenteil, er wurde deutlich, jetzt brauche er sein Geld. Mutter und Tochter sahen verwundert auf. Er hatte sich sehr verändert, zeigte eine neue Seite.

Geld – ach so, für die Arbeit, na ja. Er könne doch zu ihnen kommen und oben wohnen, in einem der kleinen Zimmer, die er eingerichtet hatte?

Pat schüttelte den Kopf.

Aber wofür er dann die kleinen Zimmer gebaut habe?

Ich brauche mein Geld, sagte Pat. Ich will nach Wyoming.

Sie waren äußerst unwillig und träge. Bridget wohl am schlimmsten, sie war von Bäcker Kleist, ihrem väterlichen Freund, verwöhnt worden und hatte Grillen im Kopf.

Ich ärgerte mich über sie, sie war zu geschickt geworden. Rannte jetzt in Stadtkleidern herum, hatte aber ohne Trauer zugesehen, wie ihr Elternhaus verkauft wurde. Nein, sie war nicht gut.

Ich bin kürzlich an Larsens Werkstatt vorbeigekommen, sagte ich. Dein Butterquirl steht noch da.

Was steht da?

Dein Butterquirl. Du hast ihn nicht abgeholt.

Was habe ich – meinen Butterquirl – ich brauche ihn nicht – du kannst ihn haben, Nut. Ha, ha, ha.

Dann bekomme ich ja doch noch was dafür, dass ich ihn getragen habe.

Pst, Bridget, sagte die Mutter.

Ich bekomme 240 Dollar für meine Arbeit, sagte Pat.

Mutter und Tochter schlugen die Hände zusammen. Wir lassen die Arbeit taxieren, sagten sie und waren gemein zu Pat. Aber sie wussten, was sie taten, die Begutachtung zog sich in die Länge, und Pat brauchte das Geld. Schließlich musste er sich mit der Hälfte begnügen, nur um überhaupt Geld in die Hand zu bekommen. Gauner!, sagte Pat.

Ich war jedenfalls sehr zufrieden, dass er sich von Bridget getrennt hatte, und wir saßen wieder zusammen und sprachen über unsere Zukunft. Es ging jetzt auf den Frühling zu, und wir waren erpicht darauf, nach Hause zu kommen. Ich für mein Teil wollte im Laden aufhören, ich war im dritten Jahr dort, aber der Lohn war niedrig und es kam nichts dabei heraus. Jetzt wollte ich nach Westen, in die Prärie, wo ich die Kost bekam und keine Ausgaben hatte, während ich arbeitete.

Dabei kommt auch nichts heraus, sagte Pat. Ich fahre nach Wyoming.

Was willst du da?

Mich ein bisschen umsehen. Ich kann die Farm verkaufen, du weißt.

Welche Farm?

Auf der ich gearbeitet habe.

Wie – war es denn deine Farm?

Der Mann hat sie ja verlassen und ist nach Florida gefahren.

Ich sah ihn sprachlos an und dachte: Wird sie denn dadurch deine Farm? Pat, Pat, du bist ein sonderbarer Kerl und ein Abenteurer, jetzt verstehe ich dich wieder nicht!

Ich verkaufe sie auf jeden Fall, sagte er.

Dann hast du wohl das Recht dazu, sagte ich. Du hast auf der Farm Lohn gut.

Ja, sagte Pat und griff zu.

Verstehe. Du hast dort von früh bis spät gearbeitet und nichts dafür bekommen.

Ja, sagte Pat.

Ich nickte, dass ich es deutlich vor mir sah. Du warst auch lange da, vielleicht Jahr und Tag –

Anderthalb Jahre, sagte Pat.

Natürlich. Aber dann steht ja nichts im Wege, ich bin froh, dass du es mir erzählt hast. Vergiss nicht, mir deine Adresse zu geben, bevor du abreist.

Als Pat abgereist war, fühlte ich mich noch unwohler in der Stadt. Er war ein unentbehrlicher Kamerad, und er fehlte mir. Ich schrieb ihm ein paarmal, bekam aber keine Antwort. Vielleicht hatte er keine Zeit, vielleicht war er schon mit der Heimreise beschäftigt. Gegen Ende meiner Tage in der Stadt kam endlich Mr. Hart und bot mir eine anständige Lohnerhöhung, wenn ich bliebe. Es war zu spät.

Ich kam auf Dalrumples Farm im Red River Valley und blieb dort bis nach der Ernte.

• • •

Ich glaube, heute ist es drei Jahre her, dass ich verhaftet wurde. Und hier sitze ich.

Es hat mir nichts ausgemacht, ging mich nichts an. Es ist an mir vorbeigegangen wie ein Zufall, und ich habe nicht vor, mehr darüber zu sagen. Ich habe inzwischen Übung im Schweigen.

Wir sind alle auf der Reise in ein Land, in dem wir früh genug ankommen. Wir haben keine Eile, nehmen die Zufälle mit auf den Weg. Nur Narren jammern zum Himmel und machen große Worte über diese Zufälle, die ausdauernder sind als wir und nicht zu vermeiden. Mein Gott, wie ausdauernd sie sind und unumgänglich.

Jetzt haben wir lange Wärme und Sommer gehabt, bis zu dreiundzwanzig Grad im Schatten. Dann schlägt das Wetter plötzlich um, und der Himmel wird glasklar und starr. Es ist Nacht, aber ich gehe hinaus, um mir die Sache anzusehen. Es ist Vollmond und doch kein Mond. Was? Alles ist still, keine Mücke. Zwei Stunden später gehe ich wieder hinaus und sehe ein Stück vom Mond über den Baumwipfeln auftauchen.

Vielleicht liegt keine größere Unordnung darin, nicht unbedingt, aber es ist wirklich ein bisschen verwirrend. Hätte ich vor zwei Stunden weit genug oben gestanden, hätte ich den Mond aus dem Meer klettern gesehen wie eine Qualle, triefend von Gold.

Ach, meine dauerhaft geschwächten Seelenkräfte, wie machen sie mich so dumm!

Natürlich bin ich verkalkt, aber auch das macht mir nichts aus und geht mich nichts an. Wenn ich vornehm zu mir selber bin, nenne ich es Podagra. Es ist jetzt ein Jahr her, seit ich keinen Stab mehr beim Gehen benutze. Was sollte ich mit dem Stab? Es war nur eine Art Feinheit meinerseits, wie wenn man den Hut schief aufsetzt und dergleichen. Hat mich der Stab irgendwie gestützt? Nein. Wir waren Kameraden geworden, mehr nicht. Wenn wir fielen, lagen wir immer weitab voneinander im Schnee.

Wie es von Kameraden zu erwarten war.

Aber mein Podagra ist natürlich verdammt lästig. Ich höre nicht. Gut. Aber ich sehe nicht, das ist schlimmer. Ich kann kein Blatt, keine elende Zeitung mehr lesen. Kann mir ja auch egal sein. Im Übrigen ist auch das eine Art von Prahlerei, wenn die Sonne sehr stark daraufscheint, kann ich sie durchaus lesen.

In Nordland gab es etwas, das wir Gehsicht nannten, sehen, um zu gehen. Als Maren Maria Kjeldsen gegangen kam, hatte sie noch Gehsicht, aber sie benutzte einen Stab und hatte auch sonst viele Gebrechen. Maren Maria war eine mystische Gestalt bei uns, niemand wusste was über sie, aber es hieß, sie sei einmal eine vornehme Jungfer gewesen, Tochter eines Kapitäns oder so was, aber das waren nur Vermutungen, sie selbst sagte nichts. Dass sie besserer Leute Kind war, glaubten alle, denn sie trug den Namen Kjeldsen wie sonst niemand in unserem Landesteil. Wenn sie in unserer Gegend umherzog, hatte sie nur ein einziges Anliegen: um Kautabak gegen ihre Zahnschmerzen zu betteln. In ihren jungen Jahren hatte sie sich an Tabak gewöhnt und konnte ihn nun nicht mehr entbehren, sie kaute Tabak wie ein Matrose. Auch sonst war sie widerwärtig und hatte keine Scham. Und dieses Menschenkind hatte die schönsten Jungfrauenhände. Ich war verwundert über diese Hände, sie sahen gelb aus, waren aber so weich und fein, nie zu einer Arbeit benutzt, nie besonders sauber, aber sehr schön anzusehen.

Schließlich kam Maria in Armenpflege, da war sie wohl siebzig oder achtzig Jahre alt. Sie sah gut genug, um ihre vorgeschriebene Runde von Hof zu Hof allein zu gehen, sie hatte Gehsicht bis zum letzten Augenblick.

Es ist etwas wert, noch viele Jahre Gehsicht zu haben.

• • •

Mittsommer 1948.

Heute hat das Oberste Gericht geurteilt, und ich höre auf zu schreiben.

ANMERKUNGEN DES ÜBERSETZERS

S. 24 Jøssinger: die Nazigegner in Norwegen zur Zeit der deutschen Besetzung.

S. 54 legen: der Arzt, in neuerer norwegischer Rechtschreibung. In der von Hamsun bevorzugten alten Rechtschreibung lautet es Lægen.

S. 138 snekker: Schreiner, in neuerer norwegischer Rechtschreibung. In der alten Rechtschreibung lautet es snedker, das sich etymologisch aus mittelniederdeutsch sniddeker ableitet. –idkar ist von schwedisch idkare (Ausübender, Betreiber) abgeleitet.

S. 139 Norwegisch en als Pronomen: man, jemand; als Numerale: ein; als Artikel: ein, eine, ein.
Norwegisch to: zwei.
Norwegisch sjalu: eifersüchtig. Sjalusimord: Eifersuchtsmord. Skinsyke: Eifersucht.

S. 139 Schwedisch svartsjuka: Eifersucht, wörtlich: Schwarzkrankheit. Norwegisch skindød: scheintot; skinhellig: scheinheilig; skinliv: Scheinleben; skinfektning: Scheinfechten.

S. 142 Norwegisch helliggjørelse: Heiligsprechung.

NACHWORT

Knut Hamsun (1859–1952) ist eine der Persönlichkeiten, die in der bekannten Reihe »Rowohlts Monographien« gleich zweimal vorgestellt wurden. Das wurde nicht vielen zuteil. Bei der Lektüre der beiden Darstellungen hat man manchmal fast den Eindruck, es mit zwei verschiedenen Männern zu tun zu haben. Die erste Monographie erschien bereits als Nummer 3 der Reihe im März 1958; schon das zeigt, wie wichtig Hamsun im Allgemeinen und für die Deutschen im Besonderen ist. Der Autor Martin Beheim-Schwarzbach beschreibt ausführlich die ärmliche Kindheit auf dem Hamsundhof auf der Halbinsel Hamarøy hoch oben im Norden, und immer wieder verweist er auf Hamsuns Sparsamkeit im Kleinen und seine unüberlegte Verschwendungssucht im Großen. Gleichzeitig erhöht er ihn gern und spricht von »Genie« oder »Gigant«. Die zweite Monographie erschien im April 1997, ihr Verfasser ist der Greifswalder Skandinavist Walter Baumgartner. Er wiederum denkt in seiner Darstellung Hamsuns späteres Eintreten für den Nationalsozialismus stets mit. Beheim-Schwarzbach ist grundsätzlich der Verehrer, Baumgartner (der mal auf einem Literaturfestival in München sagte, Hamsun und sein Werk seien umwerfend, aber er wolle sich nur ungern umwerfen lassen) der kritische Analytiker – wobei er freilich den Vorteil hatte, auf Quellen und Archivmaterial zurückgreifen zu können, die vierzig Jahre zuvor noch nicht vorlagen.

In einem aber sind sich beide Autoren einig: Das sind die Widersprüche, die Ambivalenzen, die Gegensätze in Hamsuns Wesen, in seinen Werken, seinen Aussagen, seinen Handlungen. Sein Verhalten, sein Denken und sein ganzes Leben sind von Gegensätzen geprägt. Als Knud Pedersen wurde er als viertes von sieben Kindern in einer ärmlichen Kate in Südnorwegen geboren und wuchs in Nordnorwegen auf – und entwickelte sich zu einem Wegbereiter der literarischen Moderne. Sein Vater war Kleinbauer und Schneider, er selbst Hirtenjunge und Straßenarbeiter – und er wurde zum bewunderten Dichter und Nobelpreisträger.

Bei seinem Onkel Hans musste er sich im Alter von acht bis dreizehn Jahren verdingen, weil sein Vater die Pacht für den Hof, der dem Onkel gehörte, nicht bezahlen konnte. Die fünf Jahre beim Onkel waren hart, der Junge wurde seelisch und körperlich misshandelt. Hamsun hat es seinen Eltern nicht vergessen. Andererseits musste er für seinen Onkel, der an Parkinson litt, auch den Sekretär spielen, hier kam er also erstmals mit der Schrift und dem Schreiben in Kontakt, was bei den Eltern eher nicht der Fall gewesen wäre. Die Idee, Dichter zu werden, setzte sich schon früh in ihm fest.

Mit 24 Jahren reiste er erstmals in die Vereinigten Staaten, aber statt zu veröffentlichen, wurde er dort zum Handlanger und Laufburschen und Schreiber eines norwegischen Sektenpredigers. 1885, wieder in Norwegen, ging er auf Vortragsreise, er sprach über literarische Themen – vor leeren Sälen. Er probierte es noch einmal in Amerika, zwei Jahre lang, und diesmal ging es bergauf: Er arbeitete als Straßenbahnschaffner. Gleichzeitig hielt er wieder Vorträge über die großen Franzosen Balzac, Flaubert, Zola und über Strindberg und Ibsen. Wieder zurück, schrieb Hamsun die böse Polemik »Vom geistigen Leben in Amerika«, deren Pointe es ist, dass es in Amerika eben kein geistiges Leben gebe, sondern nur das Geld regiere. Die norwegischen Progressiven, für die Amerika das Land der Freiheit war, hörten das gar nicht gern. So ging das ständig, Hamsun tat mit Sicherheit nicht das, was man von ihm erwartete. Er wollte immer anders sein, und er war anders. Die Widersprüchlichkeit lag in Hamsuns Wesen, sie war sein Wesen.

Der amerikanische Lyriker Walt Whitman, auch so ein Wegbereiter moderner Dichtung, der 1892 starb, im selben Jahr, als Hamsuns »Mysterien« erschien, hat einmal erklärt, dass er selbst, Whitman, »Vielheiten« enthalte und Einmütigkeit mit sich selbst nicht von ihm zu erwarten sei. Das hätte auch Hamsun sagen können. Und in seinem ebenso kuriosen wie berühmten »Großen Bestiarium der Literatur« (1922/24) schrieb der Wiener Kritiker Franz Blei: »Das Hamsun, die schönste der lebenden Echsen [...]. Obwohl von scheinbarer Unbeholfenheit der Glieder, brütend im Zustand versonnener Ruhe, ist es doch von einer geradezu absurden und unwahrscheinlichen Behändigkeit. Sehr scheu, wohnt es verschlüpft im Gefels. [...] Das Hamsun ist nicht einmal durch den Nobelpreis aus seiner Höhle zu locken.« Ja, ein scheues Tier, aber es »leidet etwas an seinem großen Maule«.

Hamsuns Helden und Heldinnen sind unstabil, melancholisch, reizbar, unergründlich. Er kultiviert das Mysterium (und nennt ja sogar einen Roman »Mysterien«, in dem der Held sagt: »Ich bin ein lebender Widerspruch!«). Das Nichtgesagte vermengt sich mit dem Ausgesprochenen und hüllt es in eine Art Nebel. Die Figuren haben unzählige Facetten und sind voller Widersprüche. Vielleicht könnte man sagen: Man weiß alles von ihnen – nur nicht, was sie wirklich wollen. Als Autor verschiebt Hamsun ständig Grenzen, zwischen Trivialität und seriöser Literatur, zwischen Prosa und Lyrik, zwischen Wirklichkeit und Fiktion, zwischen Erzähler, Text-Ich und Verfasser. Seine Inszenierungen schillern. Es geht hin und her, oft genug ohne irgendeinen Übergang. Er wechselt scheinbar willkürlich die Zeiten und den Ton seiner Aussagen, mal ist er zärtlich, mal grob. Hamsun hat den »Selbstwiderspruch zur Kunstform erhoben« (Heinrich Detering).

Keiner erkannte seine innere Zerrissenheit so gut wie er selbst. In Gesprächen mit seinem Psychiater, die er nach dem Krieg und seiner Verhaftung als Landesverräter führen musste, sagte er – womit er auch gleich den verachteten Naturalismus aburteilte – über seine Romanfiguren: »Die naturalistische Periode [hatte keine] fein abgestufte Psychologie, die Menschen besaßen eine vorherrschende Eigenschaft, die ihre Handlungen lenkte. [...] Ich glaube, es findet sich von Anfang an in meiner ganzen Produktion nicht eine Person mit einer solchen ganzen, geradlinigen, herrschenden Eigenschaft. Sie sind alle ohne sogenannten Charakter, sie sind alle gespalten und zusammengesetzt, nicht gut und nicht böse, sondern beides, in ihrem Wesen nuanciert und in ihren Handlungen wechselnd. Und so bin ich zweifellos auch selber.«

Der Schweizer Schriftsteller Paul Nizon hat in einem Interview eine ebenso beiläufige wie interessante Bemerkung gemacht: Er verglich Hamsuns Johan Nagel aus den »Mysterien« mit Lermontows Petschorin aus »Ein Held unserer Zeit« (1840). In der Tat gibt es verblüffende Verwandtschaften. Petschorin ist – noch vor Gontscharows Oblomow – gerade kein Held, kein Mann außergewöhnlicher, »heroischer« Taten, sondern ein Antiheld wie Nagel. Lermontow will »bittere Arzneien, ätzende Wahrheiten« präsentieren, der Mensch muss sich der eigenen Wahrheit stellen. Der russische Autor will die unverhüllte menschliche Seele zeigen, er ist ein Analytiker der Existenz. Das alles erinnert in gewisser Weise an Hamsuns »schiefe Sicht« (wie er es selbst in einem Brief nannte), sein Hinabsteigen »in die subtilsten Gewebe des Seelenlebens«: Seine Subjektivität ist herausfordernd, gesellschaftlich Verdrängtes wird ausgegraben. Hamsun stand der russischen Literatur nicht durchgehend begeistert gegenüber, aber er erkannte ihre Maßlosigkeit, ihr Vermögen, den Menschen in Grenzsituationen zu zeigen, die ihn enthüllen. Über Tolstoi hat er eher gespöttelt, ein »Pädagoge für große Kinder« wie dieser Tolstoi wollte er nicht sein. Ein Dostojewski war da schon ein anderes Kaliber; seine psychologischen Romane konnten ein Vorbild sein, durch seine häufige Verwendung von Traumerlebnissen wurden seine Gestalten von innen heraus charakterisiert, nicht durch äußere Handlungen. Dostojewski sei »der einzige Dichter, von dem ich etwas gelernt habe«, hat er einmal gesagt. Und der Däne Georg Brandes, damaliger Kritikerpapst von europäischem Format, meinte gar, Hamsun sei von Dostojewski »angesteckt«. Im Falle seiner Novelle »Hazard« wurde ihm 1892 von Felix Holländer in der Freien Bühne sogar vorgeworfen, er habe Dostojewskis Roman »Der Spieler« plagiiert. Das weist er brüsk von sich. Interessant ist, wie Hamsun sich verteidigt. In einem Brief an seine Übersetzerin Marie Herzfeld sagt er, er habe, als er Hazard schrieb, den Spieler nicht gekannt. Und dann kommt der vielsagende Zusatz: »Kann ich aber nicht gehört haben, wie darüber gesprochen wurde, ein Referat darüber gelesen, sogar gehört haben, wie jemand es wiedererzählte?« 1890 hatte er den Aufsatz »Vom unbewussten Seelenleben« veröffentlicht, der in der Frankfurter Zeitung auch gleich auf Deutsch erschienen war. Darin hatte er schon ein ähnliches Beispiel nicht bewusster Erinnerung beschrieben.

Wichtiger aber ist, dass Hamsun in dem Aufsatz seine poetologische Richtung als Schriftsteller aufzeigt. Er präsentiert seine Vorstellung einer psychologischen Literatur und rechnet gleichzeitig radikal mit dem Naturalismus ab: »Wie, wenn nun die Literatur sich überhaupt etwas mehr mit seelischen Zuständen als mit Verlobungen, Bällen, Landpartien und Unglücksfällen als solchen zu beschäftigen anfinge? Man müsste dann ganz gewiss darauf verzichten, ›Typen‹ zu schreiben, die alle schon früher geschrieben worden sind, ›Charaktere‹, die man alle Tage auf dem Fischmarkt treffen kann. [...] Als Ersatz dafür gäbe es mehr individuelle Ereignisse in den Büchern, und insofern mehr dem Gemütsleben Entsprechendes, das reife Menschen in der Gegenwart leben. Wir bekämen etwas von den geheimen Bewegungen zu wissen, die unbeachtet an verborgenen Stellen der Seele vor sich gehen, oder von unberechenbaren Anordnungen der Empfindungen, von dem unter die Lupe gehaltenen delikaten Fantasieleben, von den Wanderungen der Gedanken und Gefühle ins Blaue, von den schrittlosen und spurlosen Reisen mit dem Gehirn und Herzen, von den seltsamen Nerventätigkeiten, vom Flüstern des Bluts, vom Bitten der Knochenröhren [...].«

Diese Gedanken – so radikal formuliert – waren neu, in der Ablehnung des Naturalismus aber gab es Mitstreiter. 1894 sagte der dänische Dichter Sophus Claussen: »Es ist ein großer Unterschied zwischen den jungen Dichtern von heute und den realistischen Autoren, die Georg Brandes nachfolgten. Wer glaubt denn jetzt noch daran, dass der Dichter die Dinge, die jedermann jeden Tag sehen und hören kann, nachahmen und nacherzählen soll?« Das erinnert sehr an Hamsuns Aufsatz. Hamsun hatte mit dem ersten Fragment von »Hunger«, das in einer dänischen Zeitschrift erschien, den »Grundstein für eine neue Literatur im Norden« gelegt, wie ein hellsichtiger Literaturwissenschaftler es damals formuliert hatte.

In »Hunger« und »Mysterien« war moderne Prosa zum ersten Mal vorgemacht worden, jetzt in »Victoria«, »Segen der Erde« und »Auf überwachsenen Pfaden« verfeinerte er seinen unerhörten, unkonventionellen Stil, seine ironische, offene Schreibweise. Die Handlungsarmut, dafür die Aktivitäten des Unbewussten. Die Reflexionen und Assoziationen. Der innere Monolog und die erlebte Rede. Er ist ein Vorläufer von James Joyce und Virginia Woolf. Und spannend und amüsant ist er auch noch, manchmal auch arrogant – was sehr unterhaltsam sein kann.

Hamsun schreibt derart hinterhältig, dass man manchmal nicht weiß, ist das kindischer Trotz oder schlagender Spott, oder will hier einer tatsächlich die Naturgesetze aus den Angeln heben? Oder alles zusammen? Hamsun war ein Chaot des Denkens, ein Anarchist aus Überzeugung, einer, der immer das gut fand, was alle anderen verdammten. Das wirkt sich auch auf die Komposition seiner Romane aus, sie scheinen ebenso chaotisch und nachlässig verknüpft zu sein. Und wie bei den Figuren, die mit jeder neuen Situation eine neue Seite ihres Wesens zeigen, entdeckt der Leser bei jeder neuen Lektüre der Bücher einen neuen Sinn. Den modernen Dichter – und damit sich selbst – charakterisiert Hamsun so: »Er scheut nichts, er bestreitet offen die Wirklichkeit, präsentiert die hartnäckigsten Lügen – direkt entgegen aller Wissenschaft und gesunder Vernunft.« Hamsun stand »bekennerisch im falschen Lager« (Walter Baumgartner). Er pries Hitler noch am 7. Mai 1945 als »reformatorische Gestalt von höchstem Rang«. So ist Hamsun einzuordnen: zwischen dem Verehrer Beheim-Schwarzbach, der vor allem die tragische Verstrickung und stets aufrechte Gesinnung sieht, und dem kritischen Analytiker Baumgartner, der Hamsuns Leben von Anfang an unter dem Eindruck der letzten Jahre betrachtet; er begründet auch Hamsuns NS-Sympathien damit, dass dieser in seinem Werk die Planlosigkeit der Realität schilderte, vor der er selbst zurückschreckte, und er sich vom Nationalsozialismus einen Existenzsinn erhoffte.

Hamsuns Romane haben nichts Elegantes, seine Sprache ist meistens knapp und schlicht. Sie kann rau sein, naiv, vielleicht sogar ungeschickt und steif. Wenn die Dialoge, die lakonisch sind und lapidar erscheinen, unterbrochen werden, kommt oft das Wörtchen »Pause«. Hamsun lässt lieber etwas aus, als Gefühle zu schildern. Dabei ist nichts an seinen Romanen objektiv, sie sind radikal subjektiv. Nichts Versöhnendes ist in Hamsuns Büchern zu finden, alles ist grell, giftig, gegensätzlich. Joseph von Westphalen, der kein Skandinavist ist und kein herkömmlicher Literaturwissenschaftler, sondern einfach nur ein Liebhaber von Hamsuns Werk, hat schon 1995 dessen »spöttischen Skeptizismus [und] erfrischende reaktionäre Fortschrittsfeindlichkeit [...] in normalen, glattgepflegten und fortschrittsfreudigen Zeiten« begrüßt.

Walter Muschg zählt Hamsun, dem das Theater und alles Gauklertum verdächtig war, in seiner großen »Tragischen Literaturgeschichte« ironischerweise zu den Gauklern und bezieht sich auf dessen zahllose Jobs und Gelegenheitsarbeiten, »fahrender Krämer, Schuhmacher, Wanderlehrer, Amtsschreiber und Straßenarbeiter und in Amerika Ladengehilfe, Farmarbeiter, Holzhändler, Straßenbahnschaffner und Journalist«, bevor er mit »Hunger« endlich den literarischen Durchbruch schaffte. Eine solche Jugend und Lehrzeit führte ihn vielleicht automatisch in eine lebenslange Ruhelosigkeit mit ständigen Ortsveränderungen, um überhaupt schreiben zu können. Mit seiner typischen Selbstironie sagte er in seinem Vortrag »Gegen die Überschätzung der Dichter«, sie seien »ihrem Ursprung nach kein sesshafter und steuerzahlender Stand. Sie sind Vagabundenseelen«.

Als Vagabund hätte er die Welt am liebsten auch verlassen. »Herrgott, lass mich nicht vergehn, in einem Bett mit Decken und Laken«, schrieb er 1904 im Gedicht »Grabstätte«. Das hat nicht geklappt, er starb doch im Bett. Seine Frau Marie sah darin eine Gnade: »Das Leben, das er geliebt hatte, war oft hart zu ihm, aber der Tod, den er fürchtete, war mild.«

Über die untrennbare Einheit von Leben und Werk eines Autors haben sich schon viele die Finger wund geschrieben. Hamsun sagt am Schluss: »Morgen ist auch noch ein Tag, und ich kann warten. Ich habe die Zeit für mich, lebendig oder tot, das ist gleichgültig.« Hamsuns Leben ist gescheitert, er stirbt als Verfemter. Aber sein Werk ist eben nicht gescheitert, es »besteht, natürlich« (Kurt Tucholsky).

Aber für Hamsun selbst gehören Leben und Werk und seine Taten zusammen. Wie beiläufig und absichtslos reiht er in seinem letzten Buch »Auf überwachsenen Pfaden« Gedanken, Überlegungen, Erinnerungen, Beobachtungen aneinander, eine wilde Mischung aus Autobiografie, Erzählung, Tagebuch, Romanelementen. Der Stil erscheint trocken, leidenschaftslos, zuweilen sogar schicksalsergeben. Ist es die Rechtfertigung eines Verirrten? Ein Schuldbekenntnis findet man nicht, Reue noch weniger. Wenn er irgendwann sagt, er sei ein Landesverräter, ist es pure Ironie. Einmal steht da: »Wir, die wir enttäuscht haben«, aber dann folgt gleich: »sollten nicht tragisch werden, das ist das Ganze nicht wert«, wodurch er seine Selbstkritik im selben Atemzug entwertet. Im Gegenteil, er sieht sich als politischen Gefangenen. Und er beschwert sich: »Ich war ein gesunder Mensch, ich wurde Gelee.« Aber er will sich nicht brechen lassen, er behält seinen Stolz; »Herr meiner selbst« will er sein.

Am 14. Juni 1945 wird Hamsun ins Krankenhaus in Grimstad eingeliefert. Zum ersten Mal in seinem Leben steht er unter Arrest. Er darf keine Zeitungen lesen und das Haus nicht verlassen. Von Oktober 45 bis Februar 46 ist er in der Psychiatrie und wird befragt. »Herr meiner selbst« – das heißt auch, dass er um jeden Preis verhindern will, als nicht verantwortlich zu gelten. Nach der Psychiatrie und teilweise demütigenden Prozeduren wird er mit der Diagnose »dauerhaft geschwächte seelische Fähigkeiten« entlassen. Das bedeutet nichts anderes als mildernde Umstände, was ihn aber empört, »es passte mir nicht, den Rest meiner Tage [...] ohne Verantwortung für meine Handlungen zu verbringen.«

Für »Auf überwachsenen Pfaden« gilt vielleicht noch mehr als für alle anderen Texte: Er ist so vieldeutig wie das Wesen seines Verfassers, man weiß nie mit Sicherheit, ob wir es mit Starrsinn, Selbstironie oder womöglich doch mit einer Prise Reue zu tun haben. Was auf »Segen der Erde« zutrifft, gilt auch für »Auf überwachsenen Pfaden«: »Je länger man diesen Text liest, desto rätselhafter erscheint er«

(Heinrich Detering). Am Ende scheint es tatsächlich nicht eine Rechtfertigung für falsche politische Entscheidungen zu sein, sondern vielleicht eher eine Art Abschlussarbeit, eine Zusammenfassung all dessen, was hinter ihm lag und was er geschaffen hatte – also vor allem der Beweis, dass Leben und Werk und Taten eins sind. Das wollte Hamsun sich unter keinen Umständen nehmen lassen.

Berlin, im Mai 2019
Peter Urban-Halle